PUHUA BOOKS

我们一起解决问题

基金实战

投前准备+组合构建+投后管理

陈曙亮 方东波 等◎著

人民邮电出版社
北京

图书在版编目（CIP）数据

基金实战 ： 投前准备+组合构建+投后管理 / 陈曙亮等著. -- 北京 ： 人民邮电出版社, 2022.8（2023.6重印）
ISBN 978-7-115-59327-6

Ⅰ. ①基… Ⅱ. ①陈… Ⅲ. ①基金－投资－基本知识 Ⅳ. ①F830.59

中国版本图书馆CIP数据核字(2022)第088135号

内容提要

本书从实战视角分享了基金投资的理念与技巧，内容涵盖投前准备、投中构建基金组合与投后管理三部分。

关于投前准备，本书详细介绍了基金购买渠道、基金评级、风险评估、报告阅读、仓位管控等方法与技巧。关于投中构建基金组合，本书深入分析了每一类型基金的挑选方法与技巧，并结合资产配置的理念，手把手教你如何构建自己的基金组合。关于投后管理，本书分享了基金组合的投后管理与再平衡方法，以及基金组合的风险控制技巧。最后，本书详细介绍了备受投资者关注的基金定投，并结合新出现的智能定投及备受认可的指数定投分享作者的定投策略。

本书适合具有一定投资经验的读者阅读。

◆ 著　　　　陈曙亮　方东波　等
责任编辑　张国才
责任印制　彭志环

◆ 人民邮电出版社出版发行　　北京市丰台区成寿寺路 11 号
邮编　100164　　电子邮件　315@ptpress.com.cn
网址　https://www.ptpress.com.cn
北京捷迅佳彩印刷有限公司印刷

◆ 开本：880×1230　1/32
印张：7　　　　2022 年 8 月第 1 版
字数：150 千字　　　　2023 年 6 月北京第 3 次印刷

定价：59.80 元

读者服务热线：(010)81055656　印装质量热线：(010)81055316
反盗版热线：(010)81055315
广告经营许可证：京东市监广登字 20170147 号

推荐序

在过去的十多年，公募基金的快速发展有目共睹。其不断增加的资产规模数字背后对应的其实是数亿人的养老、教育和方方面面的家庭幸福规划，是一个个微观家庭的选择支撑起了行业的扩张。根据中国证券投资基金业协会 2021 年 4 月发布的《中国证券投资基金业年报（2020）》，截至 2019 年末，我国开放式基金个人有效账户数量达 7.93 亿个，在 2010 年这个数据仅为 7 391.45 万，表明越来越多的人选择了公募基金产品。

在公募基金走入了大多数“寻常百姓家”、越来越多人加入基民队伍后，公募基金需要做的工作还有很多，路还很长。投资者对公募基金行业最终的期待，更多还是希望多数家庭能够借助这个理财工具获得稳定、长期、持续的现金流，改变家庭的资产负债表，过上更高品质的生活，而不仅仅是行业资产规模的扩张。

同时，在人们加入基民队伍后，基金公司的投中投后知识普及、行为引导相当关键。基金圈流传一个公式：基民持有收益＝基金收益＋投资者行为损益。结合过去的经验，我们总能看到太多基民因为投资知识匮乏和坚持错误的投资行为，非但没有获益，反而损失不少本金，完全没有享受到公募基金带来的好处。这种现象非常普遍，令人感到十分痛心。因此，特别需要有人能够不辞辛苦，主动应对这项艰巨的挑战，为广大基金投资者撰写一本既能看得懂又能学得来，既有理论指导又能够在实践中助投资者一臂之力的著作。

非常荣幸，在新冠肺炎疫情封控过后，我意外收到了一份特别的礼物——由我的两位朋友曙亮和东波联名撰写的著作。二位作者均是基金行业的资深专家，他们既熟悉基金产品，又深谙基民投资习惯，长期以来都很重视和基民的互动。我相信，这本书可以为多数喜欢投资基金的朋友提供有益指导！

开卷有益，祝大家投资顺利！

吴冲锋

上海交通大学安泰经济与管理学院金融工程研究中心主任

现代金融研究中心副主任

金融系教授

前言

我国经济经过 40 多年的高速增长之后，中等收入群体扩大，逐渐成为社会的主流群体之一。不少中产之家已经积累了一定数量的可支配财富。在“变富”之后，如何打理收入、实现财富的保值增值，成为许多家庭的“甜蜜烦恼”。

与房地产、股票及大宗商品等投资品种相比，基金以其低门槛、专业管理、分散投资、监管严格等优势深受投资者青睐。特别是 2019 年之后，在牛市的催化下，人们对基金投资的认可度有了显著的提升。

然而，参与基金投资的人数多，不代表基金投资是一件容易的事。为什么这样说呢？我们列举三个比较常见的基金投资痛点来予以说明。

第一，公募基金的数量非常庞大且种类繁多，许多产品拥有复杂的设计，一般投资者想要真正挑选到合适的产品并不容易。

根据中国证券投资基金业协会的数据，截至 2021 年末，我国公募基金的数量为 9 288 只，同期 A 股上市公司的数量为 4 697 家。也就是说，公募基金的数量比 A 股股票的数量几乎多出一倍。

第二，投资者在选基金时经常发现很多基金产品往往良莠不齐。投资者对同一年度不同基金的表现进行对比，会发现最好产品的业绩和最差产品的业绩差异极大。两极分化的严重后果，就是多数投资者在购买基金前并不能分辨出好基金和坏基金。

第三，除了专业选基金能力上的不足，在很多时候，基金投资者还会受到自身非理性行为的影响。心理学曾提出过多项和投资有关的行为偏差。相关研究浩如烟海，具体行为偏差有过度自信、羊群效应、锚定效应等。受到这些行为的影响，投资者经常会在买基金的过程中陷入这样或那样的行为误区。

透过以上几点，我们可以清楚地知道基金投资并不简单。想要做好基金投资，同样需要做足一些最基本的功课。为了做好这个功课，不少投资者会买很多与基金有关的书来阅读。不过，当下市面上的基金图书，有些过于理论化、满篇专业术语，而有些则可能是非基金行业的人士撰写，由于对基金的运作了解得不够深入，内容就会浮于表面，难以触达基金投资的内核。

作为身处基金行业的老兵，我们懂得普通投资者想要达到符合期待的合理投资目标，是需要具备一些必要知识的。我们不希望这些知识成为横亘在投资者和他们期待的合理目标之间的一座大山。因此，我们对过去积累的一些有益经验和知识做了系统化的整理，写成此书。

本书共 6 章，内容按照由浅及深、由入门到进阶的思路展开，用读者熟悉的语言详细地介绍基金投资。

第 1 章带领读者初探基金的世界，主要讲述了一些入门级的基金知识，包括基金投资的特点与优势、基金投资与其他理财方式的区别及基金的分类。

有了第 1 章的知识作为基础，读者便可以轻松地进入第 2 章的内容阅读。这一章主要涉及购买基金要考虑的因素、基金定期报告的阅读技巧，以及正确投资基金需要掌握的一些原则、方法和策略。

进入第 3 章，读者会进一步深入地学习如何科学地选基金。读完第 3 章，也就完成了本书上半部分——基金投资基础部分的学习。

从第 4 章开始，读者将进入本书的后半部分——成为成熟、专业投资者的“进阶玩法”。第 4 章尝试把资产配置的思想带入实际的基金投资中，为读者提供了一份简明实用的资产配置知识手册和实践指南。第 5 章带领读者运用资产配置的理念进一步理解组合投资的好处。第 6 章为了满足数量众多的定投和指数投资爱好者的需要，对基金定投赚钱的秘密、智能定投和指数定投等做了详细的介绍。

人们常说“开卷有益”，我们创作本书的目的主要是希望能够分享自己这么多年来积累的和基金投资有关的经验、知识及心得体会，希望借助图书的传播能够帮助更多人增加基金投资知识、提升认知水平、摆脱可以避免的非理性行为，最终获得更好的投资结果，过上更高质量的无忧品质生活。

本书是团队创作的成果，参与创作的人员还有朱伟琪、李子宸、姚卫巍、王爽、刘倩瑶、李光辉、马召南、卞磊、孙倩、庄晓烜、王逸之、周一莎，向你们的辛勤付出表示诚挚的谢意！同时也特别声明：本书内容仅代表作者个人的观点，与作者所任职的单位无关；本书涉及的具体基金产品信息，仅用于为阐明观点而进行的举例，不构成产品宣传推荐与投资建议，也不构成任何与其同类产品的比较。

最后，感谢每一位阅读本书的读者朋友，欢迎你们对书中可能存在的不足之处给予批评指正！

第 1 章　用钱赚钱，让财富为自己工作 / 001

1.1　财富自由从基金开始 / 003

1.1.1　你不理财，财不理你 / 003

1.1.2　基金投资的特点与优势 / 006

1.2　基金投资与其他理财方式的区别 / 010

1.2.1　基金与银行存款、银行理财的区别 / 010

1.2.2　基金与股票投资的区别 / 013

1.3　实战视角的基金分类 / 016

1.3.1　债券型基金 / 016

1.3.2　股票型基金 / 019

1.3.3　混合型基金 / 021

1.3.4　绝对收益基金 / 021

1.3.5　其他类型基金 / 024

第 2 章　实战角度手把手教你买基金 / 029

2.1　买基金之前，你要知道的事 / 031

2.1.1　基金的最优购买渠道 / 031

2.1.2 历史业绩和基金经理 / 034
2.1.3 基金评级和风险评估 / 038
2.2 基金定期报告阅读技巧 / 044
2.2.1 如何捕获基金定期报告中的关键信息 / 044
2.2.2 通过公开报告跟投明星基金经理组合策略 / 055
2.3 个人如何正确投资基金 / 058
2.3.1 明确自身的风险承受能力 / 058
2.3.2 确定投资收益目标 / 062
2.3.3 坚持长期主义原则 / 064
2.4 基金投资的常见策略与方法 / 065
2.4.1 基金的仓位管控技巧 / 066
2.4.2 基金投资的止盈和止损 / 069
第 3 章 如何聪明地选择好基金 / 073
3.1 稳健理财：债券型基金 / 075
3.1.1 债券型基金的投资价值 / 075
3.1.2 债券型基金的择时技巧 / 078
3.1.3 如何快速选出优秀债基 / 081
3.1.4 债券型基金挑选实例 / 084
3.2 股市淘金：偏股型基金 / 086
3.2.1 偏股型基金操作概览 / 087
3.2.2 偏股型基金历史业绩的表象与本质 / 094
3.2.3 偏股型基金的配置策略 / 095
3.2.4 偏股型基金投资实例 / 097
3.3 稳稳的小确幸：绝对收益基金 / 102
3.3.1 绝对收益基金对个人投资的价值 / 102

3.3.2 绝对收益基金的筛选指标 / 103

3.4 应避免的基金投资陷阱 / 106

3.4.1 不值得投资的基金 / 106

3.4.2 基金投资的常见心理误区 / 110

第 4 章 用科学方法玩转资产配置 / 115

4.1 实用的资产配置手册 / 117

4.1.1 资产配置对个人投资的意义 / 117

4.1.2 资产配置的要素 / 120

4.1.3 资产配置的过程 / 121

4.2 个人投资者资产配置指南 / 124

4.2.1 资产配置要考虑的个人因素 / 124

4.2.2 不同生命阶段的资产配置 / 128

4.2.3 不同市场周期的资产配置 / 130

4.2.4 战略性资产配置 / 134

4.2.5 战术性资产配置 / 135

第 5 章 投资基金，组合拳胜过单打独斗 / 137

5.1 玩转基金组合 / 139

5.1.1 运用资产配置理念构建基金组合 / 139

5.1.2 组合运作择时技巧 / 143

5.1.3 组合的投后管理和再平衡 / 145

5.2 基金组合的风险管理 / 147

5.2.1 清楚风险管理对于个人投资者的意义 / 147

5.2.2 熟悉衡量基金风险的工具 / 149

5.2.3 学习规避风险的有效策略 / 152

5.2.4 组合回撤控制实例 / 153

第 6 章 懒人理财小妙招，基金定投正合适 / 155

6.1 基金定投赚钱的秘密 / 157

6.1.1 定投的基本假设 / 157

6.1.2 定投的三大优势 / 162

6.1.3 定投标的选择 / 163

6.1.4 定投周期比较 / 168

6.1.5 定投收益测算 / 170

6.2 智能定投：传统定投的升级 / 173

6.2.1 传统定投策略的智能进阶 / 173

6.2.2 智能定投实例 / 176

6.3 大道至简，指数定投 / 178

6.3.1 指数体系分类 / 178

6.3.2 研究指数的基本方法 / 188

6.3.3 指数的估值指标 / 192

6.3.4 周期的力量 / 195

6.3.5 如何优选指数基金 / 198

6.3.6 指数定投买卖策略 / 204

6.3.7 定投指数止盈策略 / 207

第1章
用钱赚钱，让财富为自己工作

不少人也许在家人或朋友的介绍下建立了一些对投资理财的兴趣，或者已经从众多媒体文章中学到了不少基金投资知识，但对投资理财本身的必要性考虑得并不多。人们也许很少会考虑为什么选择基金这种理财工具？基金在今天能成为一种大众理财工具，其本身具备哪些独特的优势呢？

1.1 财富自由从基金开始

自改革开放以来，我国经济经过了 40 多年的飞速发展，无数家庭也伴随这个过程积累了一定的财富。随着家庭储蓄水平的提升，人们终于有了更大的自由来主动规划自己的幸福生活。理财产品，特别是适应大众的公募基金产品已经成为人们跑赢通胀、规划未来生活，甚至实现财富自由的重要载体。

1.1.1 你不理财，财不理你

与家庭财富水平相伴产生的是老百姓日益迫切的理财需求。然而，尽管“理财”这个词在近些年极为流行，但大部分人对理财的理解仍停留在“小白”的阶段。如果问大家“为什么要理财”，很多人的第一反应都是“为了赚钱呗”。其实，赚钱是我们希望通过理财达成的结果，但“求鱼不如求渔”，相对于这个结果，我们更应该重视的是学会投资理财中财富增长的方法和过程。

何谓理财呢？顾名思义，理财即管理财富，是投资者通过购买基金等投资产品实现资产的保值及增值。每个人的情况千差万别，考虑的因素和立场各异，因此理财的目标往往也有所不同。下面就列举 3 个常见的理财目标，如图 1-1 所示。

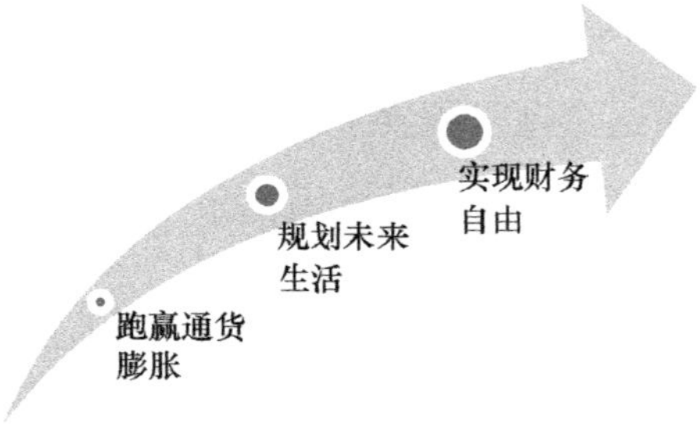

图 1-1　3 个常见的理财目标

（1）跑赢通货膨胀

如何观察这个目标的实现情况呢？我们要借助经济学中的一个重要通胀指标——居民消费价格指数（CPI）增长率。国家统计局数据显示，近 10 年我国的 CPI 增长率在年均 2% 左右。通俗地讲，如果去年年底你手里有 100 元，到了今年年底，这 100 元的实际购买力就变成了 98 元。个人财富的管理如同逆水行舟，不进则退。如果我们没有正确、科学的理财观念和意识，任由财富在银行卡里静静地躺着，它们只会静悄悄地贬值。因此，理财的首要目标是力争我们的资产增值速率跑赢通货膨胀率，避免财富购买力下降。

（2）规划未来生活

理财中的"理"，不仅仅是在打理财富，更是打理人生中可能出现的风险。即使一个工作稳定、收入可观的成年人，也难免需要应对家人生病后昂贵的医疗费、子女日渐增长的教育费用，以及少子化社会下未来巨大的养老费用支出等。这些财务上的刚性支出都是客观存在的。科学合理地管理财富，可以让我们提前对医疗保险、教育金、养老金等做出规划，及早设立不同类型的备用金，根据自身的风险偏好选择合适的投资产品，以应对不同的财务支出场景，满足财务规划目标。这样一来，我们通过理财提早做出了未来的财务规划，有效增强了抵御未来财务风险的能力，在保障当下生活的同时也提升了未来生活的质量。

（3）实现财务自由

2021 年 3 月 31 日胡润研究院发布的“2021 胡润财富自由门槛”显示，中国一线城市的入门级财富自由门槛是人民币 1 900 万元，中级财富自由门槛是 6 500 万元，高级财富自由门槛更是高达 1.9 亿元。听上去“财富自由”是不是遥不可及？所有财富的积累都是万丈高楼平地起，涓涓细流汇聚成江河大海。我们知道，单纯付出时间、用劳动换取的收入达到“财富自由”入门级门槛的水平可能需要很长的时间，甚至不少人一辈子也无法达到。但如果我们善用时间复利的威力，做好理财投资，争取每年获得稳定的投资回报率，年年钱生钱，月月利滚利，长期下来的复利能让这个梦想变得不再遥远。我们需要谨记，为追求财富管理而进行的理财应该是一种投资行为，而不是投机；切记不要有一夜暴富的想法，而应当追求每年的稳健收益，长期细水长流，做时间的朋友。

1.1.2　基金投资的特点与优势

人们的理财意识越来越高，却受制于金融基础知识储备不够、金融产品种类繁多等原因，不少投资者对理财仍有诸多困惑。一方面，人们都想着要使自己的资产增值，另一方面却又不知道具体应该投资什么、怎么投，以及什么时候投。

根据以往的观察，大部分人通过购买股票进入证券市场。人们通常习惯随大流、追热点，人云亦云地炒股。有时候投资者一开始会小有收获，但经常在尝到一点甜头后，就会不顾市场处在高点位置加大投入，在高位不断积累昂贵的筹码，最后当市场迎来调整时无法脱身，只能高位“站岗”。这种投资方式往往会给投资者带来惨重的损失。部分投资者在有了这样不愉快的投资体验之后，心态会变得有些失衡，于是又选择在市场低位时忍痛割肉，发誓再也不投资股票。此时，投资损失已永久造成了。这可能是不少人初次投资理财普遍会有的经历。初次体验非常差，在财富遭受巨大损失之后，他们对投资理财开始敬而远之。

无数人的长期投资实践经验告诉我们，普通大众缺乏专业投资知识，在投资方面往往处于弱势地位；而选择公募基金产品，把资金交给专业的公募基金管理机构通常是更科学、更省力、更有效的投资。

首先，我们必须对基金有系统的了解。从广义上说，为了某种目的而设立的、具有一定数量的资金都可以称为基金。其中，常见基金的主要类别包括公积金、退休基金、保险基金、信托投资基金等。而狭义上从会计角度来说，具有特定目的和用途的资金才称为基金。我们所说的一般都是狭义上的证券投资基金，这类基金主要投资于权益资产、债券、期货、货币等传统金融资产。按照资金募集方式的不同，基金可进一步分为公募基金和私募基金。公募基金面向不特定的对象募集，受到法律和监管部门的严格监管。私募基金只能向少数特定投资者募集，监管要求较低，但投资私募基金对投资者的能力有一定的要求，投资门槛也较高。所以，大部分一般投资者口中所说的基金通常是指公募基金。

总的来说，公募基金是一种委托基金管理人进行投资的理财方式。投资者期望通过基金管理人的专业管理，获得比自己管理更稳定的收益。

一般而言，基金投资具有以下几个特点。

（1）规模优势

公募基金是将众多不特定投资者的资金汇集在一起进行集合投资的一种基金产品。公募基金的投资总额通常比较庞大，能充分发挥资金的规模优势、降低投资成本。部分投资品种有一定的资金规模或资格门槛，个人投资者难以直接投资，可以通过公募基金达成投资目的。

（2）专业管理

公募基金由经过监管机构许可的基金管理人进行投资管理和运作。基金管理人需通过中国证券监督管理委员会批准许可，才具有公募基金管理资格。一般而言，公募基金管理人聘用了众多拥有投资资质和专业知识的投研人员，并且搭建了信息平台和客户服务体系。基金经理及其身后的投研团队会实时地跟踪分析宏观经济、证券市场以及细分行业赛道，把握市场上的投资机遇，并根据市场行情变化及时调整投资组合。

（3）组合投资

为了降低投资风险，基金一般以组合的形式，结合股票、债券等不同金融工具的特点进行分散投资。例如，权益型基金中通常会持有几十至上百只股票，一部分股票出现价格下跌时，也可能会有另一部分股票出现价格上涨，从而较好地实现风险和收益分散及均衡，减少了整个投资组合的风险。

（4）监管严格

由于基金投资者人数众多，为了保护投资者的利益，维护投资者对基金投资的信任，基金监管机构对公募基金有极其严格的监管，包括基金募集与销售、基金运作、基金投资、基金信息披露等方面。近 20 年来，监管机构始终对各种损害投资者的行为保持零容忍，进行严厉的打击，从而保证行业健康、稳定地发展。《中华人民共和国证券投资基金法》规定，基金公司必须对基金资产净值、基金份额申购、赎回价格等信息定期进行准确及时的披露，投资者可通过各渠道查询到基金运营的情况。因此，公募基金信息的透明度很高。基金管理人只负责投资运营，另外还有独立的基金托管人负责基金财产保管。两者互相监督制约，进一步保障了投资者的利益。

总之，基金投资的优点非常明显。

第一，投资者把资金交给专业人士管理，弥补了个人投资能力的不足。

第二，投资也是一项耗时耗力的活动，可以看成与市场的一种博弈，基金经理需要花很多的精力去跟踪、维护。因此，投资者将这个工作交给基金经理来做，就节约了个人的时间和精力。

第三，基金投资门槛低，只需要 100 元（一些基金甚至低至 1 元）即可参与投资。

1.2　基金投资与其他理财方式的区别

随着投资工具的创新，在投资理财方面，人们拥有十分丰富的选择。银行存款、银行理财、股票和基金都是被大众广泛使用的理财方式。相比银行理财和股票，公募基金产品有着怎样的不同呢？我们不妨通过一些简单的对比来一看究竟。

1.2.1　基金与银行存款、银行理财的区别

长久以来，银行存款一直是大众熟知并喜爱的理财方式，

其最大的特点是安全性高，受理居民存款的银行能较好地保证存款本金的安全，在此基础上再给予一定的利息收益。基金与银行存款有较大的不同。

第一，基金是一种受益凭证，基金财产独立于基金管理人。基金管理人只是受托管理投资者的资金，并不承担潜在投资损失的风险。而银行存款实质上是银行的负债，是一种信用凭证。银行对存款者有法定的保本付息责任。

第二，银行的存款利率相对固定，存款者会获得相对稳定的收益。现在最新的一年期定期存款利率在 2% 左右。相比存款收益的确定，基金则有投资的风险，收益具有波动性，存在损失本金的可能。

第三，透明度存在一定差异。基金管理人必须定期向投资者披露基金的运营状况，而银行在接收存款后无须向存款人披露资金的运营情况。

银行理财与银行存款均为银行发出的金融产品，二者经常被新手投资者混淆，其实两者是完全不同的。银行理财实际上是银行受投资者委托，对受托的财产进行投资和管理，与基金同属于资产管理产品的大类。虽然与存款不同，但以往银行发行的理财产品大多也是承诺收益的。2018 年，央行资管新规[1]落地，明确规定了银行理财应当打破刚性兑付，向净值化转型，投资者要自负盈亏。刚性兑付就是银行在任何条件下都要兑付本息，而打破刚性兑付就是银行理财不再保本保收益了。银行理财的“零风险”已成为历史，其向净值化的转型也意味着与基金的风险收益特征越来越相似。

那么，银行理财与基金还有什么不同呢？

第一，基金产品的投资门槛更低。在 2018 年以前，我国银行理财的投资门槛为 5 万元，目前略有降低。前文已提到，基金产品仅需 100 元便可参与投资，部分货币基金产品甚至低至只需 1 分钱即可投资。

第二，基金产品的投资期限更加灵活。银行理财主要为固定期限的产品，需等待一定期限到期才能取出，一般期限由几个月至几年不等，在持有期间不能提前取出。而除了封闭型基金以外的绝大部分基金均为开放式基金，在法定基金交易日内均可自由申购和赎回。因此，这类基金比银行理财更加灵活。基金产品只有在少数情况下才会暂停申购和赎回，投资者可以根据市场和自身资金的情况灵活安排申购和赎回。

1 资管新规是指《关于规范金融机构资产管理业务的指导意见》。

第三，基金产品的风险更高，历史上的年化收益也更高。目前，银行理财大部分是低风险产品，大部分产品主要投资标的以国债为主的债券，少量产品投资股票等高风险资产。而基金产品投资种类丰富多样，不仅有较低风险的货币型基金和债券型基金，还有投资于股票、黄金等其他标的的中高风险基金。由于投资标的不同，不同种类基金的收益分化明显，从低到高都有对应的产品。一直以来，银行理财产品的收益主要来自于债权类资产。虽然在资管新规发布后，银行理财开始向净值化转型，但仍为低风险、低收益的产品，未来整体收益率预期仍低于基金产品。不过，银行理财也更稳健一点。

1.2.2 基金与股票投资的区别

自我国资本市场诞生以来，股票和基金一样，都是人们话题度最高、最热衷的投资工具。截至 2021 年末，中国结算网站数据显示，我国自然人投资者数量已经超 1.9 亿人。那么，直接投资股票与投资基金有着怎样的区别呢？

（1）反映的经济关系不同

本质上，基金反映的是一种信托关系，也是一种受益凭证。投资者购买基金份额，就是把自己的资产委托给基金管理人来投资，成为基金的受益人。而股票反映的是一种所有权关系，是一种代表所有权的凭证。投资者购买股票后成为公司的股东，享有公司决策参与权、利润分配权、优先认股权、剩余资产分配权等权利。

（2）投资方式不同

股票是直接融资工具，是企业以股份筹集市场上资金的股权融资行为。股票投资者的资金直接通过股票投向了企业股权，用于实业经营。基金则是一种间接投资工具，基金投资者不直接参与有价证券的买卖，而是由基金管理人决定具体投资到哪些金融工具中，基金投资者的资金还是停留在金融市场内。

（3）收益与风险不同

一般来说，由于股票价格的波动性较大，我们可以将其视为高风险、高收益的投资品种。基金由于品种繁多，具体的收益和风险的大小要视其投资标的而定。总体而言，基金相对于股票是一种风险适中、收益较稳健的投资品种。即使是投资于股票的基金，由于法规中明确规定了其必须组合投资、分散风险，因此风险还是比投资者直接持有股票更低。

大部分普通投资者由于可用来投资的资产有限，因此持有的股票数量和总市值也都是有限的，不能很好地分散风险，大部分投资股票的基金都持有几十只甚至上百只股票，有效地分散了风险。

（4）交易方式不同

股票只能通过证券交易所在二级市场交易。我国的证券交易所对股票交易实行“T+1”交易制度，即当日买进的股票，最快要到下一个交易日才能卖出。基金除了可以在二级市场交易以外，也同样可以通过基金管理公司、银行柜台、代销机构等进行场外申购和赎回。然而，虽然基金交易是以交易当日的基金单位净值进行计算的，但基金交易实行的是未知价原则，一般当日的净值需要等到第 2 日（T+1 日）才可查询到。除了货币基金以外的大部分基金的申购 / 赎回确认日为 T+2，即投资者申购申请基金公司 T+2 日确认，才可查询到基金份额；而赎回申请基金公司确认，在 T+N 日将基金赎回款汇到投资者账户中。由此可见，基金交易的整个流程相对较长。如果投资者有短期投资高风险产品的需求，则股票是更合适的选择。

1.3 实战视角的基金分类

从投资实战的角度看，通常根据投资对象的不同，基金可分为不同的类型。不同的基金类型往往具有不同的风险收益属性。基金的科学分类有助于投资者更方便地挑选合适的基金。下面介绍几种常见的基金类型。

1.3.1 债券型基金

顾名思义，债券型基金通常是指以国债、金融债等固定收益类金融工具为主要投资对象的基金。了解其投资标的债券是了解债券型基金的第一步。

债券是指社会各类经济主体依法发行的在一定期限还本付息的债权债务凭证。债券的持有者是债权人，享有到期收回利息和本金的权利。简单地说，债券反映的是债权债务关系，等于投资者把钱借给了债券的发行人，双方约定好借的本金、归还时间以及利率的多少。

按发行主体分类，债券主要可以分为政府债券、金融债券及公司债券。

政府债券是政府为了筹集资金而向投资者发出的债务凭证，主要包括国债和地方政府债。国债由中央政府发行；地方政府债既可由中央财政代理发行，也可由地方政府发行。国债由于有国家经济实力作为保障，因而信用非常好，风险极低。地方政府债的信用也比较好，但风险略高于国债。

金融债券是由银行及其他金融机构发行的债券。例如，政策性银行（国家开发银行、中国农业发展银行、中国进出口银行）发行的政策性金融债，商业银行发行的商业银行债，证券公司发行的证券公司债。金融机构的整体信用也比较好，目前我国还没有大型金融机构违约的先例。

公司债券是股份公司向投资者发行的债券，其信用评级比前两者低，风险相对较高。不同公司之间的公司债的信用评级差距较大，既有中高等级信用债，也有低等级信用债。中高等级信用债的信用评级在 AA 级以上，发行主体一般为大型国有企业等运营良好、财政实力强的公司。但即便如此，这类中高等级债券也有不可忽视的信用风险。2020 年 11 月，永城煤电控股集团有限公司发行的评级为 AAA 级的高信用等级债券也出现了违约，引起了债券市场的警示。

公司发行的债券中有一种特殊的可转换债券，其持有人在一段时间后有权按照事先约定的转换价格或转换比率，将公司债券转换为该公司的普通股股票。可转换债券简称“可转债”，是一种混合债券，既有普通债券的特征，也有对应的转换标的股票的衍生特征。

在了解了债券型基金后，我们还可以根据债券型基金投资债券比例的不同，将其进一步细分。

（1）纯债基金

纯债基金只能投资固定收益债券，不能投资于股票和可转债，也不参与新股投资（打新）。纯债基金又可进一步分为短期纯债基金、中长期纯债基金等。

（2）一级债基和二级债基

并非所有的债券型基金都投资于债券，也有一些债券型基金会参与股票、可转债等资产的投资。例如，一级债基和二级债基中 80% 以上的基金资产投资于债券，但同时也适当参与股票市场投资。最初，在债券型基金中，可参与新股申购的债券型基金为一级债基，可同时参与新股申购和二级市场股票投资的债券型基金为二级债基。但根据证券业协会最新规定，一级债基和二级债基现在都不可参与打新。目前，我们主要以是否投资可转债、股票与纯债基金作区分。

（3）偏债混合型基金

偏债混合型基金属于混合型基金，但也以债券为主要投资对象，这类基金的合同中一般会规定债券投资比例不少于 60%。偏债混合型基金投资限制最少，既可以投资可转债，也可以参与打新和二级市场的股票投资。

债券型基金追求相对固定的收益，具有风险较低、收益稳定的特点。各类债券型基金的风险收益特征不同，我们将在第 3 章中详细阐述债券型基金的投资价值以及如何挑选优质债券型基金等问题。

1.3.2 股票型基金

股票型基金是市场上最常见的基金种类，其资金主要配置于股票市场。

按照股票投资比例的差异，主动管理的股票型基金可分为普通股票型基金和偏股混合型基金，两者的主要差异在于规定的股票投资下限不同。普通股票型基金的规则规定 80% 以上基金资产投资于股票，而偏股混合型基金的规则规定 60% 以上基金资产投资于股票。另外，也有相当一部分投资于股票的基金是被动管理型基金，即指数型基金。此类基金将在第 6 章中详细介绍。

按所投资股票的市值规模，股票型基金分为小盘股票基金、中盘股票基金和大盘股票基金。不过，业内对股票规模划分没有统一的标准。

根据股票性质的不同，股票型基金也可分为价值型股票基金和成长型股票基金。价值型股票是指价值被低估的股票，其市盈率、市净率通常较低。成长型股票是指公司成长速度快、未来潜力大的股票，其市盈率、市净率通常较高。专注于价值型股票投资的基金为价值型股票基金，专注于成长型股票投资的基金为成长型股票基金，同时投资两者的基金为平衡型股票基金。

由于股票规模和股票性质的划分互相独立，因此可以同时根据这两个维度对股票型基金的投资风格进行判定，如表 1-1 所示。

表 1-1　股票型基金风格分类

风格	小盘	中盘	大盘
价值	小盘价值	中盘价值	大盘价值
平衡	小盘平衡	中盘平衡	大盘平衡
成长	小盘成长	中盘成长	大盘成长

值得一提的是，很多股票型基金在投资风格上并不固定，存在风格漂移的现象，部分基金经理会根据市场变化调整自己

的投资风格来博取更高的收益。

除此之外，部分股票型基金专注于投资一个行业的股票，我们将此类基金称为行业主题基金。常见的行业主题基金有金融行业基金、医药行业基金、半导体行业基金等。同一行业的股票的相关性较高，因此行业主题基金经常因为过于集中在单一行业而风险相对较高。

1.3.3 混合型基金

混合型基金在投资方向上的限制比股票型基金和债券型基金少很多，可以同时投资于股票、债券、货币市场等工具。混合型基金中最常见的是偏股混合型基金、偏债混合型基金和灵活配置型基金。偏股型基金的股票投资比例须大于等于 60%，偏债型基金的债券投资比例须大于等于 60%。灵活配置型基金在股票、债券上的配置比例可以根据市场情况灵活调整，有时债券的比例高一些，有时股票的比例高一些，其股票仓位一般可在 0 ～ 95%。

1.3.4 绝对收益基金

在了解绝对收益基金之前，我们先要区分绝对收益与相对收益的概念。

相对收益是指基金相比事先定好的基准所获得的超额收益。不同基金的业绩基准不同。业绩基准大部分是锚定一个指数或多个指数的组合（采用按比例搭配的形式）。例如，我们经常见到这样的表述：某基金的业绩基准为60%×沪深300指数+40%×中债综合债券指数。基金通过基金经理的主动管理力争获得超越基准的收益。相对收益意味着即使基金的单位净值在下跌，只要其下跌的幅度比基金业绩基准下跌幅度小，我们也应认为该基金表现良好。大部分基金的考核方式都是看相对收益。

绝对收益基金和相对收益基金的不同之处在于，这类基金不与某个基准指数进行比较，而是与某个固定的收益值进行比较。这类基金追求的是无论市场如何波动，都要持续地给投资者带来正收益。当然，这也不是说绝对收益基金的单位净值每天都能上涨，这是不可能也不现实的，短期看也肯定有亏损的可能。只是说绝对收益类基金更重视风险的把控，对回撤和波动的控制较严格。

由于回撤较低、风险相对较小等特征，许多投资者会把绝对收益基金与纯债基金、货币基金看作风险收益特征相似的基金。这是错误的。绝对收益基金的投资标的不局限于固定收益债券，很多绝对收益基金也参与权益资产的投资。除了风险控制以外，绝对收益基金对收益也是有一定要求的。

绝对收益基金的风险与收益特征介于股票型基金和债券型基金之间，其实现的手段主要有“固收 +”策略和量化对冲策略。

（1）固收 + 增强策略

“固收 +”是近几年非常火热的概念，即用风险较低、信用较高的固定收益债券作为底层配置来获得基础收益，辅以小部分仓位的股票等权益资产用于增强收益。“固收 +”基金的主要类型有权益仓位上限严格规定为 80% 的二级债券基金、中低权益仓位暴露的混合型基金、搭配网下新股申购的偏股混合型基金和灵活配置型基金。

（2）量化对冲策略

量化对冲策略是指基金在买入股票的同时卖空股指期货，一正一反的操作最终对冲掉一部分市场波动风险，使基金收益与市场的波动没有太大的相关性。这样一来，基金产品会比较少受到市场波动的影响。这类绝对收益基金是权益敞口暴露较低或完全对冲的量化对冲基金，也被称作股票多空基金。

补充一个小知识：上文提到的股指期货是什么呢？

股指期货是指双方约定在未来的某个特定日期可以按照事先确定的股价指数的大小进行标的指数的买卖。简单地说，做空股指期货就在看跌该指数，并在期货市场建立该指数的空头头寸；如果未来该指数下跌，则期货空头头寸获得收益。因此，当市场上涨时，持仓的股票多头赚钱，股指期货空头亏钱，这时只要股票比指数涨得多就能有正收益；当市场下跌时，股票多头亏钱，股指期货空头赚钱，只要股票比指数跌得少就能有正收益。要做到这一点，基金经理通常需要具有优秀的选股能力。换句话说，对冲策略就是花一些成本，以降低一部分潜在收益为代价，规避了市场波动的风险，避免了可能会承受的大额损失。

由于受股指期货市场容量的制约，目前公募基金中股票多空基金数量较少。绝对收益基金主流的仍是"固收 +"策略产品。无论在策略种类上，还是在基金数量上，"固收 +"策略都比较丰富，并且已经在当下得到了较成熟的发展。

1.3.5 其他类型基金

其他类型基金还包括货币型基金、指数型基金、QDII 基金和 FOF 等。

（1）货币型基金

货币型基金是指投资于货币市场工具的基金，投资期限一般少于 1 年，投资范围包括银行存款、债券回购中央银行票据、同业存单、剩余期限在397天内的债券等。与其他类型基金相比，货币型基金有风险低、流动性好、交易成本低等特点，是比较适合大众投资的现金管理工具。

（2）指数型基金

指数型基金是以特定指数的成份股作为投资对象的基金，此类基金属于被动型基金。与主动型基金相比，此类基金不寻求超越市场的表现，而是追求尽可能地准确复制市场的表现。

随着产品的创新，指数型基金的种类和功能也趋于丰富。指数型基金又可分为完全复制型指数基金和增强型指数基金。完全复制型指数基金无须基金经理主动择时择股，采取完全被动跟踪标的指数的策略，只需按照成份股权重进行配置，以最大限度减少跟踪误差为目标。增强型指数基金则是在跟踪指数的基础上追求高于基准指数的收益。基金经理通过行业偏离、多因子量化等方法，根据市场的表现适时调整成份股仓位，阶段性高配成份中较看好的股票，低配较不看好的股票，以此博取超越基准指数的收益。

（3）QDII 基金

合格境内机构投资者（Qualified Domestic Institutional Investor，QDII）基金是指在我国境内设立，经中国证监会批准从事境外证券市场的股票、债券等有价证券投资的基金。QDII 基金可以用人民币、美元或其他外汇货币进行募集。借助 QDII 基金，国内的投资者可以投资境外市场上的不同资产。由于境外市场与境内市场的相关性不高，投资者投资 QDII 基金可以实现资产在不同市场之间的多元分散配置，因而减少了一部分风险。

（4）FOF

FOF 即基金的基金（Fund of Funds），是以其他证券投资基金为投资对象的基金。证监会规定，FOF 需要将 80% 以上资产投向其他基金，投资者购买 FOF 相当于买了一篮子的基金组合。通过基金买基金这样二次分层的形式，投资者分散了投资组合因单个基金经理出现操作失误而使投资资金蒙受巨大损失的风险。目前，公募基金数量繁多，种类多种多样，如何挑选基金一直是一个令普通投资者头疼的问题。购买 FOF 相当于请专业机构帮自己挑选基金、配置资产，让投资专家给自己打工。

过去，FOF 产品主要由私募基金、券商、保险等机构发起。从 2018 年开始，一批养老目标 FOF“千呼万唤始出来”，公募 FOF 逐渐走入寻常百姓家，成为一种新型的创新投资工具。

公募 FOF 中，最常见的是养老 FOF。养老 FOF 分为两类：一类是目标日期型 FOF，另一类是目标风险型 FOF。

目标日期型 FOF 是以投资者退休日期为目标。假定随着年龄增长，投资者的风险承受能力会逐渐下降。相应地，目标日期型 FOF 会随着目标日期的临近，逐步降低股票基金等权益类资产的配置比例，增加债券基金等非权益类资产的配置比例。

目标风险型基金则是根据特定的风险偏好，设置权益资产与固定收益资产的配置比例，以达到稳健、平衡、成长等恒定的风险收益特征，以此满足不同的投资目标。从国外的发展经验看，养老目标 FOF 已成为美国养老保障的重要组成部分，持续吸引了大量养老资金注入。我国养老 FOF 的后续发展空间较大。

第 2 章
实战角度手把手教你买基金

在掌握了基金的特点、优势，也搞清楚了不同基金的差异后，我们可以接着了解更多有关买基金的实用知识了。本章将从 4 个方面手把手教你买基金：第一，购买基金前的准备；第二，运用定期报告获得关键信息；第三，个人如何正确投资基金；第四，基金投资常见的策略和方法。

2.1 买基金之前，你要知道的事

凡事预则立，不预则废。买基金也必须准备充足才能行动。那么，在购买基金之前，我们需要做哪些准备工作呢？

2.1.1 基金的最优购买渠道

基金的购买渠道比股票丰富得多，我们在支付宝和天天基金等互联网平台、银行 App、证券公司 App、基金公司自有 App 等渠道上都可以购买。

需要提醒的是，选择在某个平台购买基金之前，投资者需要考察该平台是否具备证监会颁发的“基金销售牌照”。只有在正规持牌机构购买基金，资金安全才有保障。具体有哪些正规销售平台呢？投资者可以在“中国证券投资基金业协会官网—信息公示—公募基金销售机构公示”中看到全部证监会许可的公募基金销售渠道。中国证券投资基金业协会将基金销售渠道分为商业银行、证券公司、基金公司直销、独立基金销售机构和其他。

（1）商业银行

优势：

① 资金使用方便，每月工资到账后可直接购买基金；

② 如果在基金购买方面有疑问，可以咨询银行的理财经理。

缺点：

① 能购买到的基金数量有限，费率不便宜，大部分银行没有基金购买费率优惠；

② 理财经理自身有基金营销考核压力，可能在一定程度上影响其给予的投资建议的客观性，投资者在做出投资决策时还需要有自己的独立判断。

（2）证券公司

优势：

① 炒股的人在券商 App 中购买基金，可以将暂时不炒股的钱用来买基金；

② 相比其他购买渠道，券商 App 还有一个特别的好处是可以买到需要借助证券账户购买的场内基金，如 ETF 基金。

劣势：

在券商 App 上能购买到的基金数量有限，而且绝大部分券商 App 没有基金购买费率优惠。

（3）独立基金销售机构

独立基金销售机构也就是我们通常说的第三方基金销售机

构。对于这类购买渠道，我们更推荐投资者选择保有量规模大的平台。目前，保有量规模排名前三的第三方平台主要有蚂蚁基金（支付宝）、天天基金、腾安基金（微信—理财通）。这类平台深受年轻投资者喜爱，具有较大的用户数量基础，近年来保有量规模迅速提高。

优势：

① 起购门槛低，一般 10 元甚至 1 元就能购买一只基金；

② 基金数量全，尤其是支付宝和天天基金等平台，如同“基金超市”一般，几乎可以买到所有在售的基金；

③ 费率优惠，基金申购费基本打 1 折；

④ 基金信息全面，专业基金销售平台善于发挥互联网优势，展现全面的市场行情和基金信息，图文、直播、短视频应有尽有，有助于投资者做出高质量的投资决策；

⑤ 用户使用体验良好，除了基金交易流程顺畅，平台还开发了一些助力投资的功能，如超级转换、智能定投等。

劣势：

基金超市容易让投资者眼花缭乱，平台主推基金有时可能不适合每一位投资者购买。例如，投资者的投资目标是多样的，而榜单却是统一推荐给所有人的，与个人投资目标很难匹配。这就需要投资者自身拥有分辨好坏基金的能力。盲目追随平台上的所谓“热门基金”，容易造成不必要的损失。

（4）基金公司直销渠道

直销渠道即基金公司自有的购买渠道。一般的直销渠道有基金公司的公众号、官方 App 和官方网站等。

优势：

费率优惠，一般基金公司会推出用“活期宝”（类似余额宝的货币基金产品）购买基金 0 费率，即不需要支付申购费。如果你是某家基金公司的忠实粉丝，在直销 App 上购买可以省下不少交易费用。而且，直销渠道上自家基金数量全，一些其他销售平台上无法申购的基金，通常可以在基金公司的直销渠道上买到。

劣势：

只能买到自家基金公司的基金，可以选择的范围相对较小。

2.1.2　历史业绩和基金经理

大部分投资者在买基金前会先看历史业绩。那么，如何判断基金的历史业绩好不好呢？我们可以从以下几点入手。

第一，分清楚基金类型。

这是第一步，也是最关键的一步。根据投资对象不同，基金可以分为股票型基金、债券型基金、货币市场型基金和混合型基金等。每种类型的基金还可以继续细分。例如，债券型基金又可以分为短债基金、中短债基金、纯债基金、二级债基等，混合型基金中也有股票仓位高低的区别。在考察基金的历史业绩时，我们首先应该区分清楚基金类型，明白基金的主要投资范围，将同类型的基金进行比较。如果是不同类型的基金进行历史业绩比较，其实参考性较低。

第二，多时间维度进行比较，也就是短期、中期、长期业绩都要看。

例如，某基金近6个月表现较好，可能是由于正好踩在风口上，你还需要看同一个基金经理过去的业绩。一般而言，经过长时间牛熊市场周期洗礼后，基金的业绩依然卓越出众，那么投资者便更能从这样的业绩中识别基金经理出色的投资实力。投资者可以将近6个月、近1年、近2年、近3年、近5年甚至更长时间的基金业绩和业绩基准进行比较，如果各种行情下都能跑赢业绩基准，则充分说明了基金历史业绩好、基金经理投资能力强。

第三，看基金的风险控制能力。

除了看收益率，投资者也应该关注基金的最大回撤、夏普比率、卡玛比率。一般基金销售平台会将这些指标展示在基金详情页，透过这些指标，投资者能非常清楚地判断基金的风险控制能力好坏。为什么这一点如此重要呢？因为买基金择时非常困难，如果投资者买入基金后市场环境恶化，而基金的风险控制能力较差，就意味着投资者很长时间都赚不到钱。很多只是追随短期市场大涨大跌的基金经常因为给投资者带来了大起大落的持有体验而被形象地戏称为“渣男基金”。因此，投资者在挑选基金时不能只看到短期的高收益而忽略了高波动。同样，风险控制能力对债券基金也尤其重要，很多人抱着求稳的心态买入债基，却忽略了其实债基也会在市场环境变化时产生不小的波动。事先了解基金的风险控制能力，有助于投资者选到适合自己的基金。

第四，参考基金评价机构的星级评价、基金排名等。

大家熟悉的基金评价机构包括晨星、海通证券、银河证券等，这些机构会定期对基金进行排名和星级评价。排名大多根据基金的历史收益率，在同类基金中从高到低排列，排名越高表示基金的历史收益越好。例如，某基金近 1 年、近

3 年、近 5 年都在同类基金中排名前 10%，则说明基金的短、中、长期业绩都名列前茅。星级评价则是根据基金在过去一定时期的业绩计算其收益率及风险水平等指标，根据计算结果进行星级评定。如果你看到某基金 3 年期、5 年期都获得了各大评价机构的五星评级，也能说明这是一只长期业绩非常卓越的基金。

基金的历史业绩通常和基金经理的投资能力挂钩，但有时只看一个业绩结果可能不够，投资者需要留意以下特殊的情形。

第一，被动（指数型）基金选取特定的指数作为跟踪对象，不主动寻求超越市场的表现。因此，基金的历史业绩表现和基金经理的投资能力无关。

第二，部分基金由多位基金经理共同管理，业绩不能完全归功于某一位基金经理。遇到这种情况，投资者还可以看该基金经理单独管理期间的业绩，以此来评价基金经理的能力。

第三，基金的规模等因素会影响基金经理的投资能力。例如，某基金的历史业绩相当优异，逐渐吸引了大批投资者，但基金规模增长后，基金经理的投资风格有可能不适应管理大规模基金，因此造成业绩下滑。这不一定就说明基金经理的能力不行了，但投资者在选基金时确实需要考虑到规模因素。

总之，投资者不应盲目追逐“明星基金经理”，而应该在详细了解基金的历史收益、风险水平、主要投向、基金经理投资风格等因素后做出慎重的投资决定。

2.1.3 基金评级和风险评估

2007年10月证监会发布的《证券投资基金销售适用性指导意见》首次将投资者适当性要求引入我国证券市场监管要求之中。随后的10年里，证监会、证券交易所等有关部门和证券行业自律组织先后发布了创业板、股转系统、金融期货、融资融券等领域投资者适当性的制度要求，在投资者保护中起到积极作用。但相关要求散见于各市场或业务法规和自律规定，缺乏统一清晰的监管底线要求。

为了能够有效解决以上问题，证监会于2017年7月正式施行《证券期货投资者适当性管理办法》，中国证券业协会（简称“中证协”）、中国证券投资基金业协会（简称“中基协”）分别推出了《证券经营机构投资者适当性管理实施指引》《基金募集机构投资者适当性管理实施指引》，对不同参与机构做出规范性要求。2019年12月28日，《中华人民共和国证券法》正式增加了投资者适当性要求，在法律层面体现了适当性管理精神。

至此，我国基金业投资者适当性制度框架基本完善，形成了以《中华人民共和国证券法》为基石、《证券期货投资者适当性管理办法》为行政规章、《证券经营机构投资者适当性管理实施指引》和《基金募集机构投资者适当性管理实施指引》为自律规则的适当性管理体系。为了更好地保护投资者的合法权益，我国的投资者适当性分类制度更细致，同时对投资者与金融产品进行了风险等级的划分。

在基金产品风险等级划分上，我国实现了从“3”到“5”的跨越。2007年，证监会制定了《证券投资基金销售适用性指导意见》，其中要求基金产品风险应至少划分为低风险、中风险和高风险三个等级。但随着金融产品的创新，高杠杆、高风险的产品层出不穷，产品设计逐步复杂化、专业化，简易的风险等级划分不再适应当下产品类别日渐丰富的市场。在2017年中证协、中基协发布的《指引》中，均要求证券经营机构和基金募集机构对金融产品或服务的风险等级的划分应至少划分为R1～R5五个等级，通过对风险等级的进一步细分提升基金产品销售适当性匹配的精度。

《证券期货投资者适当性管理办法》第十五条、第十六条规定：经营机构应当了解所销售产品或者所提供服务的信息，根据风险特征和程度，对销售的产品或者提供的服务划分风险等级。划分产品或服务风险等级时应当综合考虑流动性、杠杆情况、结构复杂性、投资方向和投资范围等因素。涉及投资组合的产品或服务，应当按照产品或服务的整体风险等级进行评估。

中基协在此基础上进一步细化了基金募集机构适当性管理的具体要求，明确基金产品或服务风险等级划分要综合考虑以下因素。

（1）基金管理人因素

基金产品或服务风险等级划分需要考虑的管理人因素包括以下几点：

① 基金管理人的诚信状况、经营管理能力、投资管理能力、内部控制情况、合法合规情况；

② 基金管理人的成立时间、治理结构、资本金规模、管理基金规模、投研团队稳定性、资产配置能力、内部控制制度健全性及执行度、风险控制完备性、是否有风险准备金制度安排、从业人员合规性，以及股东、高级管理人员、基金经理的稳定性等。

（2）产品因素

基金产品或服务风险等级划分需要考虑的产品因素包括以

下几点：

① 基金产品或服务的合法合规情况、发行方式、类型及组织形式、托管情况、投资范围、投资策略、投资限制概况、业绩比较基准、收益与风险的匹配情况、投资者承担的主要费用及费率；

② 基金产品或服务的结构、投资方向、投资比例、募集方式、最低认缴金额、运作方式、存续期限、过往业绩及单位净值的历史波动程度、成立以来有无违规行为发生、基金估值政策、程序和定价模式、申购和赎回安排、杠杆运用情况等。

根据产品合同所明示的投资范围和投资比例，基金产品的风险等级按照风险由低到高顺序共分为 5 个风险等级：R1- 低风险、R2- 较低风险、R3- 中风险、R4- 较高风险和 R5- 高风险。

R1- 低风险：产品结构简单，过往业绩及单位净值的历史波动率低，投资标的流动性很好、不含衍生品，估值政策清晰，杠杆不超监管部门规定的标准，如货币市场基金。

R2- 较低风险：产品结构简单，过往业绩及单位净值的历史波动率较低，投资标的流动性好、投资衍生品以套期保值为目的，估值政策清晰，杠杆不超监管部门规定的标准，如普通债券型基金。

R3－中风险：产品结构较简单，过往业绩及单位净值的历史波动率较高，投资标的流动性较好、投资衍生品以对冲为目的，估值政策清晰，杠杆不超监管部门规定的标准，如股票型基金、混合型基金、可转债基金。

R4－较高风险：产品结构较复杂，过往业绩及单位净值的历史波动率高，投资标的流动性较差，估值政策较清晰，1 倍（不含）以上至 3 倍（不含）以下杠杆的基金产品。

R5－高风险：产品结构复杂，过往业绩及单位净值的历史波动率很高，投资标的流动性差，估值政策不清晰，3 倍（含）以上杠杆的基金产品，如大宗商品基金、私募股权基金、私募创投基金。

基金产品或服务信息发生变化的，应当依据基金产品或服务风险等级划分参考标准，重新评估其风险等级，对基金产品或服务的风险定期进行评价更新。

由于不同的基金产品有不同的投资目标和风险收益特征，投资者由于年龄、收入、支出、财产、性格等差异形成不同的基金投资风险承受能力。一般来说，积极型的投资者追求风险较高的基金产品，稳健型的投资者追求风险适中的基金产品，保守型的投资者追求风险较低的基金产品。评估投资者的基金投资风险承受能力是开展基金销售活动的基础。

我国在投资者的划分上，与成熟市场一样划分了普通投资者与专业投资者。在此基础上，我国进一步将普通投资者细分，基金募集机构应当设计风险测评问卷，并对普通投资者进行风险测评。基金募集机构要按照风险承受能力，将普通投资者由低到高至少分为 C1- 保守型（含风险承受能力最低类别）、C2- 平衡型、C3- 稳健型、C4- 积极性、C5- 进取型 5 种类型。

基金募集机构要根据普通投资者风险承受能力和基金产品或服务的风险等级建立以下适当性匹配原则：

① C1 型（含风险承受能力最低类别）普通投资者可以购买 R1 级基金产品或服务；

② C2 型普通投资者可以购买 R2 级及以下风险等级的基金产品或服务；

③ C3 型普通投资者可以购买 R3 级及以下风险等级的基金产品或服务；

④ C4 型普通投资者可以购买 R4 级及以下风险等级的基金产品或服务；

⑤ C5 型普通投资者可以购买所有风险等级的基金产品或服务。

2.2 基金定期报告阅读技巧

互联网时代最显著的特征就是信息渠道发达，信息和信息交换日益成为当今社会各领域极具决定意义的因素。

无论从单位净值披露的频率，还是周期性运作报告的详尽程度，公募基金都是资本市场信息披露中最完备的产品类型。专业的基金投资者通常会将基金单位净值波动体现的风险收益特征与基金定期披露的公开运作报告相结合并相互印证。个人投资者在了解基金单位净值的同时，如果学会阅读公募基金的披露信息，并从中吸收对投资有重大影响的关键内容，对今后的投资理财将会产生如虎添翼的效果。

2.2.1 如何捕获基金定期报告中的关键信息

公募基金定期报告分为季度报告、半年度报告和年度报告。

（1）基金季度报告

基金季度报告在每季末 15 个工作日内披露，主要包括基金概况、主要财务指标和单位净值表现、管理人报告、投资组合报告、开放式基金份额变动等内容。在季度报告的投资组合报告中，需要披露基金资产组合、按行业分类的股票投资组合、前10名股票明细、按券种分类的债券投资组合、前5大债券持仓明细及投资组合报告附注等内容。

（2）基金半年度报告

基金半年度报告在上半年末之后的60日内披露。与年度报告相比，半年度报告的披露有以下特点：

① 半年度报告不要求进行审计；

② 半年度报告只需披露当期的主要会计数据和财务指标，而年度报告应提供最近3个会计年度的主要会计数据和财务指标；

③ 半年度报告披露资产净值增长率列表的时间段与年度报告有所不同，半年度报告需要披露过去1个月的资产净值增长率，但无须披露过去5年的资产净值增长率；

④ 半年度报告无须披露近3年每年的基金收益分配情况；

⑤ 半年度报告的管理人报告无须披露内部监察报告；

⑥半年度财务报表附注重点披露比上年度财务会计报告更新的信息，并遵循重要性原则进行披露；

⑦ 重大事件揭示中，半年度报告只报告期内改聘会计师事

务所的情况，无须披露支付给聘任会计师事务所的报酬及事务所已提供审计服务的年限等；

⑧ 半年度报告摘要的财务报表附注无须对重要的报表项目进行说明，而年度报告摘要的财务报表附注在说明报表项目部分时则因审计意见的不同而有所差别。

（3）基金年度报告

基金年度报告是基金存续期信息披露中信息量最大的文件，应当在每年结束之日起90日内编制完成。其正文登载于网站上，摘要登载在指定报刊上。

报告期越长，披露的内容越丰富。对于不同的基金类型，投资者通常需要关注的关键信息也是有差别的。

① 债券型基金

债券型基金持有的资产以债券为主，定期报告中只披露前5大债券持仓、上市交易的可转债和可交债，以及资产支持证券。此外，投资者可以通过定期报告了解债券型基金隐含的一些关键性指标，如杠杆、久期以及券种分布。

• 杠杆

债券型基金一般会适用一定的杠杆，最直接的杠杆计算方式可以用其总资产除以其所有者权益得出大概的杠杆率。另外，投资者也可以根据资产负债表中卖出回购金融资产款这一科目判断基金进行债券质押借款的情况，从而判断基金的杠杆水平。

- 久期

债券型基金的半年度报告和年度报告中有一部分内容会专门介绍利率风险的敏感性分析，也就是这里要讲的久期部分。久期的大小代表假定除了市场利率以外的其他市场变量保持不变，利率上升或下降一定基点时对资产负债表日基金资产净值的影响金额。通过基点变化的数量、基金资产净值及基金资产净值的变化程度，就可以大概估算出基金的久期。以浦银安盛普庆纯债债券（009037）2021 年报为例，利率风险的敏感性分析如表 2-1 所示。

表 2-1 利率风险的敏感性分析

<table>
<tr><td>假设</td><td colspan="3">除了市场利率以外的其他市场变量保持不变</td></tr>
<tr><td rowspan="2"></td><td rowspan="2">相关风险变量的变动</td><td colspan="2">对资产负债表日基金资产净值的影响金额（单位：人民币元）</td></tr>
<tr><td>本期末（2021年12月31日）</td><td>上年度末（2020年12月31日）</td></tr>
<tr><td rowspan="2">分析</td><td>市场利率上升25基点</td><td>-11 571 460.34</td><td>-20 070.79</td></tr>
<tr><td>市场利率下降25基点</td><td>11 649 123.61</td><td>20 772.08</td></tr>
</table>

数据来源：浦银安盛普庆纯债债券（009037）2021 年报；截至时间：2021 年 12 月 31 日。

• 券种分布

债券型基金的定期报告会列出按债券品种分类的债券投资组合。还是以浦银安盛普庆纯债债券（009037）2021 年报为例，如表 2–2 所示。

表 2–2　按债券品种分类的债券投资组合

金额单位：人民币元

序号	债券品种	公允价值	占基金资产净值比例/%
1	国家债券	—	—
2	央行票据	—	—
3	金融债券	2 789 196 000.00	92.45
	其中：政策性金融债	2 789 196 000.00	92.45
4	企业债券	—	—
5	企业短期融资券	—	—
6	中期票据	—	—
7	可转债（可交换债）	—	—
8	同业存单	339 545 000.00	11.25
9	其他	—	—
10	合计	3 128 741 000.00	103.71

数据来源：浦银安盛普庆纯债债券（009037）2021 年报；截至时间：2021 年 12 月 31 日。

在了解券种配置的情况下，个人投资者结合债券基金各期的重仓持有债券的信用评级、重仓比例及其中信用债（企业债券、企业短期融资券、中期票据等）的整体持仓比例，可以考察出债券基金的信用风险。

② 货币型基金

货币型基金的信息披露情况整体和债券型基金类似，投资者需要特别关注的指标主要是流动性指标。例如，投资组合平均剩余期限分布情况，便于进一步考察货币型基金的变现能力。以浦银安盛货币（519509）2021年报披露的信息为例，如表2-3所示。

表2-3 期末投资组合平均剩余期限分布比例

序号	平均剩余期限	各期限资产占基金资产净值的比例/%	各期限负债占基金资产净值的比例/%
1	30天以内	48.27	8.16
	其中：剩余存续期超过397天的浮动利率债	—	—
2	30天（含）～60天	13.64	—
	其中：剩余存续期超过397天的浮动利率债	—	—
3	60天（含）～90天	20.69	—
	其中：剩余存续期超过397天的浮动利率债	—	—
4	90天（含）～120天	14.15	—
	其中：剩余存续期超过397天的浮动利率债	—	8.16
5	120天（含）～397天（含）	11.17	—

续表

序号	平均剩余期限	各期限资产占基金资产净值的比例/%	各期限负债占基金资产净值的比例/%
	其中：剩余存续期超过397天的浮动利率债	—	—
合计		107.92	8.16

数据来源：浦银安盛货币（519509）2021 年报；截至时间：2021 年 12 月 31 日。

此外，货币型基金还需关注不同定价方式确定的基金资产净值偏离情况，偏离越小，说明基金的流动性越好、风险越低，如表 2-4 所示。

表 2-4 “影子定价”与“摊余成本法”确定的基金资产净值的偏离

项目	偏离情况
报告期内偏离度的绝对值在 0.25%（含）～0.5%间的次数	0
报告期内偏离度的最高值	0.0753%
报告期内偏离度的最低值	-0.0275%
报告期内每个交易日偏离度的绝对值的简单平均值	0.0371%

数据来源：浦银安盛货币（519509）2021 年报；截至时间：2021 年 12 月 31 日。

如果基金出现在报告期内负偏离度的绝对值达到 0.25% 和正偏离度的绝对值达到 0.5% 的情况，就都要予以说明。

③ 股票型及混合型基金

对于股票型基金及混合型基金，定期报告主要披露了报告期内净值表现、期末的基金份额、资产负债表、分行业的股票投资占比（证监会行业）、期末前 10 大重仓股、半年度报告和年度报告全部持仓、基金经理观点等常规内容。

投资者需要注意的是“前 10 名重仓持股股票中存在流通受限的情况说明”可能存在需要重点解读的信息。由于流通受限，基金当前继续持有该股票的可能性较大。而流通受限一般伴随着重大事项，今后股价也会波动较大。这里需要留意基金对这种流通受限的股票估值方法。

半年度报告和年度报告会披露资产负债表、利润表和所有者权益变动表，投资者可以更详细地了解基金的资产明细和负债情况。资产负债表同时列出了本期末和上个报告期可比区间的值，便于投资者了解基金财务数据的变化情况。具备专业知识的投资者就像对上市公司财务报表进行财务分析一样，也可以基于基金的三张报表对基金进行更详细的分析。普通投资者可以从利润表中看出基金的盈亏来源，股票买卖收益、管理费、托管费、交易费用明细，利用交易费用和基金期初期末资产可以估计基金的换手率。以浦银安盛新经济结构混合（519126）为例来看利润表的示例，如表 2-5 所示。

表 2-5　利润表

金额单位：人民币元

项目	附注号	本期 2021年1月1日至 2021年12月31日	上年度可比期间 2020年1月1日至 2020年12月31日
一、收入		480 582 208.56	122 894 261.41
1.利息收入		2 506 986.46	216 576.36
其中：存款利息收入	7.4.7.11	2 506 986.46	216 576.36
债券利息收入		—	—
资产支持证券利息收入		—	—
买入返售金融资产收入		—	—
证券出借利息收入		—	—
其他利息收入		—	—
2.投资收益（损失以“–”填列）		150 815 891.29	83 050 140.34
其中：股票投资收益	7.4.7.12	145 442 111.84	82 006 453.27
基金投资收益	—	—	—
债券投资收益	7.4.7.13	—	—
资产支持证券投资收益	7.4.7.13.5	—	—
贵金属投资收益	7.4.7.14	—	—
衍生工具收益	7.4.7.15		
股利收益	7.4.7.16	5 373 779.45	1 043 687.07
3.公允价值变动收益（损失以“–”号填列）	7.4.7.17	321 419 997.00	39 365 195.33
4.汇兑收益（损失以“–”号填列）		—	—

续表

项目	附注号	本期 2021年1月1日至 2021年12月31日	上年度可比期间 2020年1月1日至 2020年12月31日
5.其他收入（损失以“–”号填列）	7.4.7.18	5 839 333.81	262 349.38
减：二、费用		80 606 954.96	8 893 385.65
1.管理人报酬	7.4.10.2.1	31 767 616.75	2 626 455.61
2.托管费	7.4.10.2.2	5 294 602.86	437 742.61
3.销售服务费	7.4.10.2.3	315 571.94	—
4.交易费用	7.4.7.19	43 027 315.28	5 628 257.43
5.利息支出	—	—	—
其中：卖出回购金融资产支出	—	—	—
6.税金及附加	—	—	—
7.其他费用	7.4.7.20	201 848.13	200 930.00
三、利润总额（亏损总额以“–”号填列）		399 975 253.60	114 000 875.76
减：所得税费用		—	—
四、净利润（净亏损以“–”号填列）		399 975 253.60	114 000 875.76

数据来源：浦银安盛新经济结构混合（519126）2021年报；截至时间：2021年12月31日。

在基金持仓方面，半年度报告和年度报告披露的是全部持仓，并会披露累计买入或卖出金额占基金资产净值2%以上或前20名的股票明细。通过这些操作，投资者可以看出基金经理阶段性操作的思路，同时与基金经理的观点进行相互印证。

④ 另类投资基金

部分基金合同规定可以投资股指期货、国债期货等衍生品，对持仓的债券或股票进行对冲。这时，投资者需关注其金融衍生品持仓情况。根据基金持有的衍生品明细，投资者可以看出该基金持有的多空合约数量及合约价值，从而估计基金的整体对冲情况。以华泰柏瑞量化对冲混合（002804）为例，如表 2–6 所示。

表 2–6　报告期末本基金投资的股指期货持仓和损益明细

代码	名称	持仓量（买/卖）	合约市值/元	公允价值变动/元	风险说明
IF2203	沪深300期货 2203合约	–14	–20 792 520. 00	472 560.00	—
IF2202	沪深300期货 2202合约	–1	–1 485 180.00	–2 040.00	—
IF2201	沪深300期货 2201合约	–6	–8 905 320.00	115 800.00	—
公允价值变动总额合计（元）					586 320.00
股指期货投资本期收益（元）					12 482 416.89
股指期货投资本期公允价值变动（元）					6 148 320.00

数据来源：华泰柏瑞量化对冲混合（002804）2021 年报；截至时间：2021 年 12 月 31 日。

2.2.2 通过公开报告跟投明星基金经理组合策略

由于债券型基金的公开信息有限，投资者直接参与债券投资的程度较低。本节着重分享如何利用偏股型基金的公开报告执行明星基金经理的组合跟投策略。组合跟投策略主要分为直接投资明星基金形成基金组合和投资明星基金经理集合重仓的股票两种方法。

挑选主动基金进行投资，本质上就是在选合适的管理人进行委托投资。筛选长期表现优秀并适合长期投资的基金经理，通常需要从包括历史业绩、管理经验、风险控制能力、投资风格和投资理念是否适合自己等多个维度对基金经理进行深入的评估。普通投资者可以借助具备基金评价资格的专业评价机构或部分专业的基金代销机构对各基金和基金经理的刻画及描述对备选基金进行了解。详尽的基金精选方法将在第 3 章中分享，本节主要介绍如何通过公开报告跟投明星基金经理组合。

在偏股型基金的公开报告中，投资者最关注的信息通常为定期报告中的基金重仓持股。阅读明星基金经理的重仓持股及重仓持股变化，对于投资者后续的投资计划和确定候选标的有一定的指导意义。以浦银安盛新经济结构混合（519126）为例，如表 2–7 所示。

表 2–7 报告期末按公允价值占基金资产净值比例大小排序的前 10 名股票投资明细

序号	股票代码	股票名称	数量/股	公允价值/元	占基金资产净值比例/%
1	601677	明泰铝业	9 245 874	407 650 584.66	8.15
2	002245	蔚蓝锂芯	7 920 866	217 903 023.66	4.35
3	002384	东山精密	7 704 342	208 787 668.20	4.17
4	688599	天合光能	2 601 261	205 239 492.90	4.10
5	603456	九洲药业	3 582 500	201 551 450.00	4.03
6	300073	当升科技	2 190 039	190 248 687.93	3.80
7	603589	口子窖	2 539 400	179 967 278.00	3.60
8	600600	青岛啤酒	1 809 424	179 132 976.00	3.58
9	600111	北方稀土	3 890 496	178 184 716.80	3.56
10	000596	古井贡酒	729 100	177 900 400.00	3.56

数据来源：浦银安盛新经济结构混合（519126）2021 年报；截至时间：2021 年 12 月 31 日。

通过阅读明星基金经理旗下基金的重仓持股，结合行业分类，可以得出每只基金的配置偏重方向。结合基金经理的从业背景与季度观点，基金经理大致可以分为行业主题、风格主题、均衡配置、行业轮动等多种类型。单只基金的分类标签和刻画是基金研究的必经之路，但跟投明星基金经理组合更需要一个群体集合性质的描述。

将一定数量的明星基金及旗下基金的重仓持股进行综合统计，可以得到明星基金群体重仓持股的描述（使用半年度报告或年度报告可以获取全部持股信息，但更新频次相对较低，跟踪误差较大）。通过持仓市值或者投资比例加总得到的基金集合持仓信息，可以获取明星基金经理们的权重股持仓明细（包含投资总市值、投资比例、行业配置比例）。

基金经理权重股持仓代表了基金经理的投资判断，普通投资者可以直接参考基金经理的持仓情况进行投资。通常情况下，明星基金经理以理性投资见长，他们重仓持有的股票质量相比其他股票可能更高。当然，这并不意味着投资这类股票的风险更低，分散投资仍是普通投资者制胜的法门。普通投资者可以选择跟投明星基金经理的权重股组合，在分散风险的同时可以在均衡的维度上获取优秀公司中长期的权益回报。

选择直接投资明星基金经理旗下基金的投资者，可以根据上述得到的行业配比精选 10 只左右的明星基金进行跟投。此时，投资者有两种主要的方式，可以全部投资于相对均衡配置或常用行业轮动的明星基金经理的产品，也可以分别选择具备不同行业或不同风格的明星基金经理进行分散投资。投资于相对均衡或行业轮动的明星基金经理组合，优势在于持仓的每只基金收益水平可能短期差异不会很显著，而分散投资于不同风格产品则需要投资者理性看待持仓中短期表现不好的基金产品。基金投资常见策略与方法，包含投资基金产品的仓位管控技巧和后期的止盈与止损策略将在后文中进行分享。

2.3 个人如何正确投资基金

买基金是一项“技术活”，需要“巧力”而非“蛮干”。要想交出一份满意的投资成绩单，投资者还必须能够掌握一些行之有效的投资策略和技巧。本节将会站在实际投资的角度，从 3 个方面介绍基本的投资技巧和策略。

2.3.1 明确自身的风险承受能力

个人基金投资的第一步是要明确自身的风险承受能力。大多数人可能摸不清楚自己的承受能力，总是凭感觉投资，这肯定是不对的。那么，到底该如何评估自身的风险承受能力呢？我为大家总结了以下 6 点。

（1）收入

作为评估自身风险承受能力的第一点，投资者首先要考虑自身的收入水平，因为定期收入是投资理财资金的主要坚实保障。投资者可以从以下两方面考虑。

第一，需要考虑收入水平的高低。

投资者应该首先对自己的可支配收入做到心中有数，在此基础上根据自己的收入水平合理规划支出、留存投资理财资金。例如，某位投资者毕业一年后每月收入 2 500 元，房租、通勤、通信等日常必需的支出累计为 1 500 元，平均每月剩余 1 000 元。对于这位投资者而言，剩下的 1 000 元也可以拿来投资，但可能最好买一些低风险、高流动的货币基金类产品。因为理性的投资者通常会为不可预料的突发事件做预先的准备，而货币基金可以充当这样一个现金管理工具。

第二，需要考虑收入的稳定性。

不同的行业属性往往决定了不同的收入状况。从整个行业生命周期的角度看，处于生命周期曲线两端的行业，例如，一些夕阳行业或一些处于早期阶段的朝阳行业往往是现金流不够稳定的，因为这些行业的收入保障风险可能更大，难以为中长期理财提供持续的保障。相反，处在行业生命周期阶段中间的行业往往相对成熟，业务和市场已经比较稳定，收入的保障风险较低，可以为中长期理财提供持续的保障。所以，投资者要考虑自己工作所处的行业及企业前景对收入稳定性的影响，以更具前瞻性地规划理财资金。

（2）年龄

年龄也是影响投资者风险承受能力的关键因素。从青年到壮年，再到老年，随着年龄阶段的变化，人们的风险承受能力也会发生很大的变化。一般来说，投资者的风险承受能力会随着年龄的增大而下降。青年期的投资者通常有能力承受较高的投资风险；壮年期的投资者虽然积累了一定的财富，但财务负担也会相应增加，风险承受能力略低；对于老年投资者而言，在理财过程中控制风险通常是投资理财的首要考虑因素。

（3）投资目标

投资目标不同的人，投资的风险承受能力往往差异巨大。例如，投资者是出于养老、准备出国留学资金等目的而投资，这类投资者应被视为低风险倾向型，应选择风险等级较低且收益稳定的产品。如果投资是为了个人的消费目标，如买车等，因为消费的非必要性，所以使用这部分资金投资的投资者会有一定的风险承受能力，可以考虑相对高收益的产品。总之，投资者在评估个人风险承受能力时一定将自己实际的投资目标考虑进来，投资风险较高的产品时只使用闲散资金进行投资，而不能“挪用”保命的钱。

（4）风险偏好

风险偏好往往和个人性格密切相关。不同性格的人往往对风险的偏好也是不同的。有些人天生喜欢冒险，属于风险偏好型。有些人安于防守，属于风险厌恶型。他们对风险的承受能力差别很大。投资中有一个通俗说法，如果一个人购买了一项资产后就不再有很踏实的睡眠，那么很可能是因为他买的资产的风险水平高过了他个人的风险承受能力。用“睡眠质量”领悟投资产品的选择或许不尽全面，但或多或少可以从一个侧面告诉我们一个道理：投资者应充分了解自己的性格，性格不同的人适合投资的产品也不一样，一定要购买与自己风险承受能力匹配的投资产品。

（5）投资经验

风险承受能力的评估还要结合投资者的历史投资经验和专业程度来综合判断。这主要是两方面原因导致的。

一方面，有较长时间投资经验的人，既经历过繁荣普涨的大牛市行情，也经历过千股齐跌的熊市行情。完整经历过牛熊周期的人，心态会比较成熟，能够合理看待机会和风险。

另一方面，专业水平高的投资者充分了解各类资产的风险收益特点，在追求收益的同时，也有较高超的风险控制和规避经验，因此风险承受能力通常高于多数经验不足的普通投资者。

（6）流动性需求

风险承受能力的高低和流动性需求的大小紧密关联。在将资金投入基金之前，投资者需要对资金的属性有清晰的判断。有些资金是用来应急或应付日常开支的，有些资金则完全是可以自由支配的。将用于应急或日常所需的资金对安全性和流动性的要求都很高，不宜用在风险较高、流动性差的资产上，如权益类基金或某些封闭式基金。否则，一旦有应急性需要，投资者将无法及时赎回资金（如产品处于封闭期），或者无法以合适的价格赎回资金（如赎回时市场低迷）。

2.3.2 确定投资收益目标

清楚自己的风险承受能力之后，投资者需要确定自己的投资收益目标。遗憾的是，多数投资者通常缺乏明确的目标。而由于理性地确立收益目标又非常重要，本节特意梳理了以下两点。

（1）确定预期收益率

在投资前，投资者要有明确的目标，先确定自己希望一年赚多少钱，一个年度允许的最大亏损是多少，这些都要量化成具体的数字。

（2）预期收益率贵在“合理”

确定预期收益率，如同“穿衣穿鞋”，一定是适合自身的才是最好的。在通常情况下，收益率往往和风险是正相关的。也就是说，收益越小，风险越小；反之，收益越大，风险也越大。因此，投资者在设置预期收益率时并非越高越好。过高的收益预期也经常伴随着较大的潜在投资风险。

在现实的投资中，人们常犯的错误是在牛市中往往“过度自信”，不能及时调整自己过高的收益预期。根据 Wind 数据，在 2019—2020 年 A 股市场持续了两年的牛市中，偏股型基金指数分别上涨了 45.02% 和 55.09%。两年的牛市让很多人在获得很高收益的同时，也拉高了不少人的投资期待。但其实从一个较长的时间周期看，45% 以上的高收益并非常态。如果投资者不能及时调整过高的收益预期，往往会随着下轮熊市的到来而输掉之前的盈利。

2.3.3 坚持长期主义原则

无论在欧美发达市场，还是在我国 A 股市场，投资者都能够看到复利效应的长期作用巨大。影响复利效果的，除了资产收益的高低，还有时间的长短。这也就涉及本书要讨论的一个重要的内容——投资期限。

对于基金投资，尤其是偏股型基金投资而言，投资期限是影响基金持有体验的关键变量。通常情况下，坚持长期投资的人往往能够胜出。截至 2022 年 4 月末，我国偏股混合型基金指数在过去 10 年上涨了 180.47%，近 10 年的年化收益率高达 11.17%。数据显示，投资者长期持有偏股型基金可以带来较好的“财富效应”。

投资者为什么可以从长期主义中获利呢？这个问题并不复杂，因为推动股价长期增长的主要动力来自于企业盈利的成长。在经济持续保持中长期向上增长的势头下，一定会诞生很多优秀的企业，而优秀企业的涌现也会为投资者带来投资红利。投资者长期持有优秀的权益型基金，等同于在陪伴一批优秀企业共同成长。追随优秀企业，财富增长就是顺理成章的。

此外，坚持长期主义原则的其他好处还有很多。投资者坚守长期投资的组合，由于换手率低、交易不频繁的原因，通常可以省去很多交易费用，这些节省的费用会直接成为投资者收益的一部分。相反，投资者专注于短线投资的组合，往往会因为交易频繁而产生很多不必要的交易费用。高换手率组合的另一个表征往往是过多的择时操作。无论对于个人投资者还是对于专业投资者，择时都是极为困难的事情。从长期来看，择时不能贡献持续的高收益，更多时候只能增加犯错的机会。

2.4 基金投资的常见策略与方法

投资是一件长期的事，无论是股票、基金投资还是家庭财务理财管理，投资者需要在投资的过程中不断完善自己的投资理念，从正确的投资理念出发，提炼出具体可行的方法论，也就是投资策略。相比专业投资者，部分普通投资者由于没有构建适合自己的成熟的投资体系，在实际的投资过程中就容易陷入追涨杀跌的投资误区中。

如果投资者想要建立一套相对完善的投资体系，就需要先结合自身的资产状况和投资目标，然后结合上文讲述的技巧不断摸索适合自己的投资策略。本节主要介绍基金投资中仓位的管控技巧，以及止盈和止损的相关策略，希望能够帮助投资者更加理性地投资基金。

2.4.1 基金的仓位管控技巧

一般情况下，仓位是指投资人实际持有基金和拟用于投资的本金之间的比例。但是，我们说的仓位通常特指风险较大的资产（股票型基金或偏股混合型基金）占实际拟投资本金的比例。根据风险匹配原则，投资者应该事先对自己的风险承受能力和资产状况有较清晰的认知，并在此基础上确定适合自己的基金资产的投资比例——仓位。

假设投资者有 100 万元资产，其中适合用作基金投资的资金为 10 万元，并且目前已经持有 5 万元股票型基金。那么，在约定的规则中，该投资者目前的仓位应为 50%，即持有的 5 万元股票型基金占可以用来投资基金的总金额 10 万元的比例，而不是占投资者总资产的比例。

与股票投资类似，投资者第一次申购基金可以称为建仓，持有的基金一般被称为底仓。当投资的基金存在浮盈时，投资者再度申购的行为称为加仓，浮亏时再度申购称为补仓。赎回持有的基金，同时申购另一只新基金，或者更换基金之间的配置比例等操作称为调仓。

专业投资者通常根据自身风险偏好和所管理产品的风险收益特性约定大致的仓位范围，并在日常投资中遵守一定的仓位管理规则。对于普通投资者而言，投资是一件个性化很强的事情，仓位的标准是根据自己的风险承受能力制定的。大多数普通投资者对仓位的理解相对比较模糊，或者不清楚什么样水平的仓位是适合自己的。相对于百分比的概念，投资金额的增减可能对于部分投资者来说更加敏感。此时，投资者可以参照最大耐受亏损金额，对比指数可能面临的风险，例如可以忍受指数下跌 20% 的幅度，以此框定投资基金的最大本金，并将其作为满仓的状态。

通常来说，基金投资者是以长期投资为目的进行持有，依靠基金产品本身和基金经理的调仓来应对市场涨跌。结合实际的市场状态，A 股市场依旧保持相对较大的短期波动，主动权益基金经理的投资业绩从中长期来看仍然可以超越主流宽基指数。仓位的多少直接关系到盈利的快慢与多寡。作为普通投资者，由于资金量比较有限，而快速致富的愿望又非常强烈，因此满仓操作就成为不少人投资中的一种常态。基金投资是只有持有筹码才有赚钱的机会，不断地加码申购是投资者经常会有的一种原始冲动。

事实上，不顾市场变化单纯加码申购的做法并不科学。投资者需要顺应市场的变化，及时调节仓位，才能有效地控制风险，把握稍纵即逝的收益机会。在实际操作中，不同类型的投资者可以通过以下几种方法控制仓位。

（1）稳健型投资者

稳健型投资者通常非常注重控制风险，因此其仓位控制往往在行情的初期会维持相对较低的水平，仅仅以试探性的仓位博弈行情早期机会；相反，在行情的中间位置则维持较高的仓位，到了行情可能接近末尾时放慢资金投入节奏。“2–3–3–2”或“3–5–2”是相对较常见的仓位投入节奏。

（2）激进型投资者

不同于稳健型投资者，激进型投资者更加相信自己对行情的把握，在意识到潜在的机会出现时会提前进行较主动、积极的“左侧交易”，以争取未来更大的盈利空间。随着行情的上行，激进型投资者会继续增加投资，但节奏会有所放缓。“4–3–2–1”或“5–3–2”是这类投资常有的建仓节奏。

（3）定额型投资者

事实上，稳健型投资者和激进型投资者的不同仓位管理技巧或多或少是建立在对时点的预测上的，而投资者对投资时机的把握往往并非易事。

定期定额的建仓方法则为一般投资者省去了择时的烦恼。投资者可以用定期定额投入的办法实现对仓位的管理。这样既不会错失市场低位的投资机会，又避免了一次性建仓在高位的尴尬。这种方法较省心省力，非常适合大多数没有时间和精力进行仓位管理的投资者。

2.4.2 基金投资的止盈和止损

在投资行为中，止盈与止损是源于股票交易技术分析中的术语。股票交易中的止盈与止损是以短线交易为背景，以保存实力为目的，并具有纪律性和强制性。以技术分析为理论基础的短线股票交易，依靠操作成功的次数高于失败的次数，从而形成概率分布上的获利，并通过止盈和止损控制与锁定实际盈利。

在投资标的、交易费率、投资方法等方面，基金与股票都有较大的差别。止盈和止损的概念可以借鉴，但实际执行时的基金交易策略与股票交易是完全不同的。对于单只基金，尤其是在投资偏股型基金时，投资者理性地止盈或止损可以保证投资收益，或者尽量减少损失。

止盈是指在基金投资中达到收益目标后主动终止投资，并赎回持仓基金的行为。止盈的目的通常以落袋为安为主，以规避风险为辅。在实际操作中，投资者常见的止盈逻辑有以下几种：

- 市场阶段性高点赎回止盈；
- 定投达到计划的收益目标后赎回止盈；
- 短期收益达到设定的投资目标后赎回止盈。

在具体操作上，止盈有以下几种简单的方式。

（1）大盘点位止盈法

投资者希望市场阶段性高点锁定收益或规避风险。例如，上证指数在 3 000 点的位置开始申购偏股型基金，等指数到达 3 500 点就开始执行止盈。其间投资者已经累计获得了足够的收益，既可以考虑全部止盈，也可以根据实际情况逐步进行止盈。

（2）定投止盈法

在下跌或震荡的市场中，投资者通过定投不断增持偏股型基金，等待市场上涨到达一定的持仓收益后止盈。例如，定投某基金一年以上，投资者可以考虑在收益率达到 10% 左右止盈，随着投资期限的增加，适度上浮收益率标准，比如两年以后需要达到 15% 才触发止盈。

（3）金字塔止盈

结合市场行情和短期收益目标，投资者可以分步进行止盈。例如，当权益市场整体强势时，第一阶段目标止盈标准定为 30%，到达目标收益区间即止盈部分仓位，第二阶段再度上涨 20% 即可再度止盈部分仓位，最后剩余部分再度上涨 10% 即可全部止盈赎回。

基金投资是一种相对中长期的投资方式，投资者通常需要承受短期市场的波动。很多时候，普通投资者需要接受持仓基金处于亏损的状态，而不是频繁止损。基金投资中的止损操作主要是对投资逻辑的错误予以纠正，投资者不需要执着于亏损的幅度，也不应该过多地受到市场波动的影响。投资决策需要以理性的判断为依据，而不是持有基金的浮动盈亏。当投资某只基金的必要条件已经不再具备、市场风格发生显著变化、先前的投资逻辑不再适用，或者原投资目标无法实现时，就应该予以纠正。

投资者需要考虑以下几种止损的情况。

（1）基金经理变更

如果投资者的主要投资逻辑是跟投明星基金经理，那么当基金经理变更，并且新任基金经理不是投资者熟悉的管理人时，无论当时投资者持有的基金亏损多大幅度，都应该果断止损。

（2）基金投资策略变更

如果投资者持有基金的风险收益特征发生改变，例如，一只长期持有股票仓位 20% ～ 30% 的资产配置型基金，某一天变更成为高仓位的偏股型基金，投资者需要重新评估是否能接受变更。如果无法判断，则选择止损。

（3）市场风格显著变化

如果投资者持有的基金风格与市场显著背离，违背初始投资逻辑，例如，在 2017 年市场出现显著大盘蓝筹风格时投资者仍大比例持有小盘成长风格且风格稳定的基金，此时需考虑止损。投资者持有风格稳定不漂移的基金时，需要对比市场风格的适应程度和自身亏损的耐受程度，慎重选择止损的时间。

第3章
如何聪明地选择好基金

在经济快速增长、资本市场加速改革、居民财富持续跃升的背景下，我国资管行业进入了前所未有的繁荣阶段。截至2021年末，根据中国证券投资基金业协会公布的数据可知，我国各类公募基金的数量已经达到9 288只。当基金达到前所未有的数量时，如何挑选基金就成了每个投资者必须正视的问题。

3.1 稳健理财：债券型基金

债券型基金通常受到多数稳健型投资者的偏爱。不过，由于债券型基金种类多样、数量繁多，投资者要想选出其中的佼佼者，还需要一些专业的知识和技术。本节将从投资价值、择时技巧、优选标准等维度结合实例介绍债券型基金的投资技巧。

3.1.1 债券型基金的投资价值

债券型基金的风险特征较明显，其主要投资对象是各类债券，风险高于货币市场型基金，但低于股票型基金、混合型基金。如果想要了解债券型基金的投资价值，投资者需要先了解债券型基金的收益来源和风险特性。

债券型基金的收益主要来源于以下4个方面。

（1）利息收益

利息收益是指债券型基金持有的债券到期所获得的票面利息收入。一般来说，只要债券信誉良好、按期兑付，采取持有至到期的策略就不会出现亏损。当然，也有部分企业由于经营不善可能存在信用违约、不能按时兑付本息的风险。就利息收益而言，期限长的债券型基金的收益通常要高于期限短的债券型基金的收益。

（2）价差收益

债券是可以在银行间市场或交易所市场进行交易的，其价格往往受到很多因素的影响，如流动性、市场利率、信用情况等。当这些因素发生变化时，债券的价格也会随之波动。通常情况下，债券的价格和利率是呈现反向变动的。如果债券的利率持续上升，债券的价格就会呈现下降的趋势；反之亦然。因此，根据对债券二级市场价格变动的提前判断，投资者可以通过低买高卖赚取差价。一般而言，期限不同的债券对利率变化的敏感度是不同的：短期债券受利率的影响较小，因而波动也小；长期债券虽然收益高，但受利率的影响较大，因而波动也相应比较大。

（3）债券回购收益

债券回购收益主要是回购业务中产生的收益，其原理是债券组合的管理者通过质押手中持有的债券来获得一笔融资资金，随后又将融到的资金继续用于购买债券。这种行为的目的是通过增加财务杠杆实现收益增厚。由于这种加杠杆的行为可能在市场变化时增加组合的波动风险，因此监管对杠杆比例的限制提出了一些明确的规范。目前，开放式基金杠杆比例不超过 140%，封闭式基金及定期开放式基金杠杆比例可以达到 200%。

（4）股票投资收益

还有一部分债券型基金会参与股票的投资，但仅限于二级债基或偏债混合型基金。这部分债券型基金的共同之处是可以通过参与股票投资，实现增厚基金收益的目的。

收益和风险往往是对等的。债券型基金相比货币型基金收益更高，所以风险也相对会更大一些。债券型基金的风险主要有两方面。

（1）违约风险

违约风险也被称为信用风险，是指债券发行人不能按时还本付息的风险。如果债券型基金管理人风控把关不严或选债能力较差，债券投资组合一旦踩雷违约债券，就可能出现很大幅度的亏损。这就对债券型基金管理人的风控把关或选债能力提出了很高的要求。当然，发生这种情况的概率相对较低，基金经理也会通过专业的分析避开有违约风险的债券，并通过多样化投资分散风险。

（2）利率风险

利率风险是指当市场利率发生变化时，债券价格也跟随市场利率变化而产生的波动风险。例如，在资金供给收紧时，市场利率上升，债券价格会下跌；当下跌幅度超过利息增加所得时，则会存在净值下跌的风险。

整体来说，虽然债券型基金存在风险，但波动相对较低。而且，债券型基金的收益高于货币型基金，风险小于偏股型基金，从长期来看还是较稳健的。

3.1.2 债券型基金的择时技巧

债市和股市一样，也有牛熊之分。债券牛市的延续主要取决于市场利率的下行预期，熊市则相反。2013 年利率上行，债券进入熊市，债券型基金能保持不亏就算很不错了，由于市场无风险利率的提高，债券的风险溢价减少，价格下跌导致亏损；2014 年、2015 年 10 年期国债利率不断下降，债券迎来大牛市。而从 2016 年开始，国债利率触底反弹，债券又进入了熊市，如表 3–1 所示。

表 3-1 各年度中长期纯债基金指数收益率

年度	2010	2011	2012	2013	2014	2015	2016	2017	2018	2019	2020	2021
中长期纯债基金指数收益率	3.51%	2.35%	5.00%	0.94%	12.61%	10.12%	1.56%	2.15%	5.94%	4.33%	2.84%	4.13%

数据来源：Wind；截至时间：2021 年 12 月 31 日。

历年市场数据显示，债券型基金的净值走势和市场利率的变动呈负相关。根据债券型基金的特性，投资方法有以下 2 种：

- 长期持有，不进行择时，获取债券票息；
- 择时投资，在利率高位买入，随着市场进入降息通道实现超额收益。

从图 3-1 所示的中债综合净价指数历年走势可以看出明显的区间震荡格局，以及对应较长时间的上升或下降趋势。在债券正常兑付的前提下，投资债券获得的现金流是比较确定的。无论之前债券价格是溢价（净价大于 100 元），还是折价（净价小于 100 元），在到期时都将回归面值（100 元）。如果把债券型基金持仓看成一个整体，平均净价也应该向面值回归。这一点有些像股票指数的估值（市盈率）概念，股票讲究低买高卖，债券也类似，买入时净价越高，未来收益率可能相应越低。因此，在净价低位时，投资者可以选择买入并持有债券型基金；在净价高位时，投资者可以选择卖出持有的债券型基金。

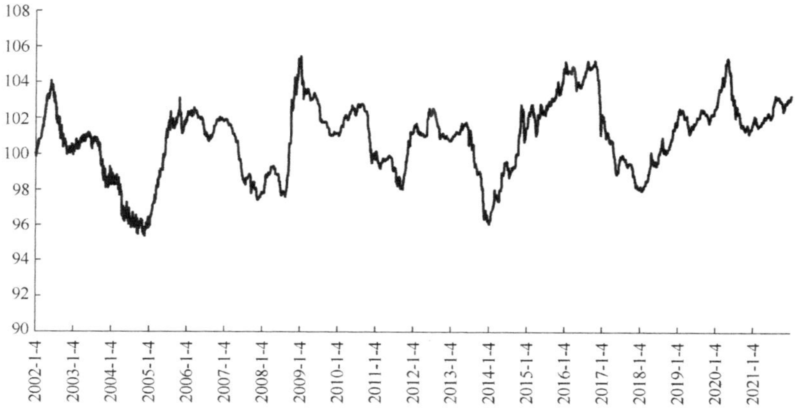

数据来源：Wind；截至时间：2021 年 12 月 31 日。

图 3–1 中债综合净价指数历年走势

3.1.3 如何快速选出优秀债基

众所周知，股票型基金通常有主动管理型和被动指数型的划分，债券型基金也同样如此。根据 3.1.2 节描述的债券型基金择时技巧，投资者可以分别选择主动管理型债券基金和被动指数型债券基金进行投资。

被动指数型债券基金的久期和投资券种相对固定。例如，5 年期国债、10 年期国债均是久期相对固定的利率债指数基金；上证 3 ～ 5 年期中高等级可质押信用债同样是久期和券种相对明确的基金。当净价指数在低位时，投资被动指数型债券基金的优势是久期相对较长的特点使其资本利得部分的收益弹性较大。

主动管理型债券基金可以主动且灵活地控制债券组合的久期、杠杆和券种分布，因此，产品表现与基金管理人的总体投研实力、基金经理的投资能力密切相关。投资者在选择主动管理型债券基金时，首先需要观测基金管理人整体对债券的把控情况，慎重选择近期有爆雷债券持仓的基金管理人。同时，在剔除规模太小（小于 5 亿元）、机构占比太高（高于 90%）等相对不利于个人投资者参与的基金后，投资者可以进一步选择基金经理从业时间较长、历史业绩优异、基金收益回撤比较高的债券型基金进行投资。根据以往的经验数据，我国债券市场整体的牛熊市周期较长，因此往往从业时间较长的基金经理能更好地把握债券的牛熊市切换节奏。在具体的量化筛选方面，债券型基金的历史业绩和收益回撤比（卡玛比率）均可以作为有效筛选的指标。在业绩评价方面，比较基准可以参照中长期纯债基金指数，据此判定基金经理是否具备获取超额收益的能力，如表 3-2 所示。

表 3–2　各年度中长期纯债基金指数收益率及最大回撤

年度	2010	2011	2012	2013	2014	2015	2016	2017	2018	2019	2020	2021
中长期纯债基金指数收益率	3.51%	2.35%	5.00%	0.94%	12.61%	10.12%	1.56%	2.15%	5.94%	4.33%	2.84%	4.13%
最大回撤	–2.07%	–3.86%	–1.00%	–2.91%	–1.49%	–1.48%	–2.71%	–0.59%	–0.39%	–0.37%	–1.75%	–0.28%

数据来源：Wind；截至时间：2020 年 12 月 31 日。

3.1.4 债券型基金挑选实例

被动指数型基金是以跟踪指数、追求跟踪误差最小化为宗旨，跟踪同样基准指数的债券指数基金业绩差异较小。因此，本节以主动管理型债券基金作为主要的介绍对象。

我们根据券种分布对债券型基金的主要投资策略做简要区分。其中，持仓较多国债、金融债的是利率债基金，以企业债、企业短期融资、中票票据等作为主要持仓的是信用债基金。

以博时信用债纯债债券 A（050027）为例，结合 2021 年基金年报，我们看一个以信用债为主要持仓的基金案例，如表 3–3 所示。

表 3–3 博时信用债纯债债券 A（050027）2021 年年报

金额单位：人民币元

序号	债券品种	公允价值	占基金资产净值比例/%
1	国家债券	870 200 000.00	7.58
2	央行票据	—	—
3	金融债券	1 599 982 000.00	13.93
	其中：政策性金融债	860 278 000.00	7.49
4	企业债券	1 745 423 900.00	15.20

续表

序号	债券品种	公允价值	占基金资产净值比例/%
5	企业短期融资券	4 198 827 500.00	36.56
6	中期票据	3 965 399 400.00	34.53
7	可转债（可交换债）	—	—
8	同业存单	—	—
9	其他	—	—
10	合计	12 379 832 800.00	107.79

根据上述券种投资分布，我们可以大致知道被选择的主动管理型债券基金的主要投资方向。参照基金投资的方向，我们可以理解投资的主要风险是利率风险还是信用风险。例如，对于集中持仓信用债的基金，我们应该更多留意信用风险。事先了解投资的风险，对指导我们日后的实际投资决策大有裨益。

根据前文讲述的筛选逻辑，我们可以根据基金管理人和基金基本情况做一定程度的剔除筛选，然后根据基金历史业绩进行下一步精选。通常情况下，我们可以选取中长期纯债基金指数作为衡量基准，精选风险收益特征优于该指数的债券型基金进行投资；精选分年度的风险收益特征优于中长期纯债基金指数、中长期历史业绩领先、管理人历史信用风险控制较好，并且规模较合适的债券型基金作为优选投资标的，择机进行投资，如表 3-4 所示。

表 3-4　各年度中长期纯债基金指数和优选基金的收益率及最大回撤

年度	中长期纯债基金指数收益率	最大回撤	优选基金收益率	最大回撤
2012	5.00%	–1.00%	9.68%	–0.94%
2013	0.94%	–2.91%	0.90%	–3.66%
2014	12.61%	–1.49%	15.05%	–1.72%
2015	10.12%	–1.48%	9.35%	–0.46%
2016	1.56%	–2.71%	0.54%	–2.68%
2017	2.15%	–0.59%	2.28%	–1.38%
2018	5.94%	–0.39%	6.93%	–0.67%
2019	4.33%	–0.37%	6.63%	–0.19%
2020	2.84%	–1.75%	3.21%	–1.17%

3.2　股市淘金：偏股型基金

对于收益目标高、风险承受力强的投资者，债券型基金或许不能完全满足其需求，而偏股型基金因具备高弹性的回报特点往往能够吸引一部分期待更高收益的投资者。

3.2.1 偏股型基金操作概览

偏股型基金是指以股票为主要配置对象的基金，其股票配置比例通常为 50% ～ 95%。偏股型基金也属于混合型基金的一种。按投资结构占比区分，偏股型基金可以分为股票基金、灵活配置基金和指数基金 [包括主要投资海外权益市场（≤ 50%）的 QDII 基金和主要投资权益市场（≤ 50%）的 FOF]。无论如何区分，可以确认的是，由于产品合同的规定，偏股型基金的权益仓位不会低于 50%，股票型基金的权益仓位甚至不会低于 80%。因此，偏股型基金与股票市场保持了密切的联系，净值波动的方向与股票市场的波动方向保持高度一致，整体上具有明显的高收益、高风险的特征。

如何选择一只绩优基金，或者至少选择到市场表现处于中位数水平的基金呢？投资者大致可以从以下几方面着手。

（1）好的基金公司

为什么选择好的基金公司如此重要？在资产管理和财富管理行业，规模即王道，基金公司的规模越大，表明投资者的认可度越高，它们投资方向的一举一动都影响着市场，也反过来影响它们自己的产品。因此，对于想投资基金产品的初学者来说，首先可以选择行业排名靠前的基金公司。截至 2022 年 3 月末，我国资本市场一共有 160 家基金公司，投资者可以筛选出最近三年公募非货币资产管理规模排名前十的基金公司，作为学习初期观察的对象。

（2）好的基金经理

基金经理是基金产品的核心和灵魂，是基金投资的最终决策人，对基金产品的业绩负责。什么是好的基金经理？简单说就是让基金投资赚钱的基金管理者，或者能跑赢基金产品的业绩基准、跑赢其他同类基金产品的基金管理者。从定性和定量的角度来看，经历过 1 ～ 2 轮完整的牛熊市场，从业时间更长的基金经理通常应对市场波动和周期轮回的经验更足、心态更稳、能力和耐心都会更好，更可能做出正确的投资决策。

此外，考虑到我国基金行业的现状，一般稳定的基金经理管理的规模越大，业绩越稳定；频繁跳槽的基金经理较多“不靠谱”。因此，在同一家基金公司从业 5 年以上的基金经理更值得关注，这和前面说的经历过 1 ～ 2 轮牛熊市转化的逻辑实际是一样的。

最后一个是可以量化的业绩问题，如果一个偏股型基金的基金经理从业在 5 年以上，年化收益率能达到 10% 甚至 15% 以上，则更加可靠。此外，还有一些其他指标可以参考。例如，每个基金经理的风格偏好不一样，是成长还是稳健；操作风格也不一样，是集中还是分散。仓位和行业变动是否频繁，喜欢精选个股还是择时，还是兼而有之，投资者在实际投资中都需要一并考虑。

（3）好的业绩表现

现在各个基金销售平台对公募基金公开业绩的展现都是比较全面的，指标也比较多。那么，投资者主要看哪些指标呢？

① 历史收益率

投资者应该从不同的维度了解基金的收益表现，既要看过去 1 年、过去 3 年、过去 5 年甚至成立以来的累计收益率，也要看年化收益率，还要参考各区间的业绩排名。一般情况下，常年排名能稳定在前 1/2 到前 1/4 的产品可以重点关注；还有一个辅助的收益率指标可以参考，就是长期跑赢业绩基准的产品，这种产品的业绩表现说明它为投资者带来了一定的超额收益。

② 夏普比率

该指标对于股票型基金尤为重要，用于判断投资一个偏股型基金的风险收益比，主要反映性价比是否合适。偏股型基金的夏普比率越高，代表基金的风险收益比越好，这样的偏股型基金就越值得关注。

③ 最大回撤

最大回撤是衡量所有投资基金的重要指标，也是一个非常关键的风控指标，它是指基金产品在一段时间内单位净值降到最低幅度的情况，即投资者在特定时间内可能承担的最大风险。这个指标蕴藏着基金经理风险控制能力的重大秘密，是一个值得专门研究的指标。当然，对于普通投资者来说，在同一时间段的同类产品中选择最大回撤最小的产品通常是大概率正确的选择。

投资者投资偏股型基金需要注意以下几点。

第一，投资是一场没有终点的马拉松，不在于一时跑多快，而在于能坚持跑完，胜利达成目标。股票市场是一个博弈市场，博弈是对人性的考验，投资偏股型基金的投资者要取得较好的投资业绩，就要克服人性中的一些弱点，避免被贪婪和恐怖裹挟。在单边牛市中，投资者一定不要狂热地追求买入的快乐，而忽视了风险，甚至加杠杆来博取短期的收益，最后变成“接盘侠”；在市场陷入低迷时，投资者也不要被蒙蔽了双眼，单纯地以为市场会起死回生，甚至不断投入重注来摊低成本，殊不知低点之下还有地板，地板之下还有地狱，仓位越来越重，资金量投入越来越大，压力也越来越大，随着市场的不断下探，最后没有资金继续加仓，再到后面承受不住单位净值的不断下跌，倒在上涨的黎明前。

第二，避免追涨杀跌。股票是否具备长期投资潜力，最终取决于其内在价值的大小。这里面还包含股票所代表企业的成长性和可以预测的分红。一般的个人投资者很难有时间和精力研究市场、跟踪市场，也没有专业的知识指导自己的投资。人性的弱点又会使投资者陷入追涨杀跌的怪圈，投资偏股型基金也容易陷入和投资股票一样的境地。须知公募基金是由专业的投资团队管理的基金，有多种途径的资源覆盖股市中的上市公司并进行跟踪，对市场、政策、国际环境等都非常敏感。投资者需要做的只是选择大盘在低位时买入并持有，达到自己的盈利目标位置时进行赎回。

第三，拒绝频繁交易。一些基金公司会选在市场高涨时针对阶段性的热点发行主题型基金或主动管理型基金去蹭热点，普通投资者一定要抵制诱惑，克制在市场高位追随热点、频繁交易的行为。事实上，一般投资者更适合做基金定投或长期投资，切勿短期内频繁交易。这是因为基金持有时间过短，可能会被征收惩罚性的赎回费。2017 年 8 月，证监会颁布的《流动性风险管理规定》中要求："除货币市场基金、交易型开放式指数基金（ETF 基金）以外的开放式基金，基金管理人将对持有期少于 7 日的投资者收取不少于 1.5% 的赎回费，并将上述赎回费全额计入基金财产。"投资者来回反复交易三五次，10% 的本金就没有了。

那么，如何正确地进行偏股型基金的投资呢？

第一，选择优秀或具有优秀潜质的基金。前文已经介绍如何选择优秀的基金产品，这里就不再赘述。强调一点，如果一个基金运作期间内长期跑不赢业绩基准或同业平均水平，建议投资者还是应该考虑赎回或转换，更换一只历史业绩优秀、中长期（5 年以上）稳健运作的基金产品。

第二，基金定投是一个可以选择的方式，但要注意不能在股票市场高点或市场情绪狂热时开始定投，而是要在市场低迷或调整一段时间以后再开始定投。同时，投资者要设置好自己的止盈目标，并一以贯之地坚持下去。在市场极度低迷甚至连续大跌时，投资者依然要坚持下去，不断在底部买入具有投资性价比的基金，平摊成本，待市场恢复人气或牛市到来时会更快达到设定的投资目标。

第三，要学会逆势布局。投资偏股型产品，投资者需要具有良好的个人心态，能够承受阶段亏损的压力。不要预测股票市场，因为股票市场是一个博弈市场，无数次的经验告诉我们，当大多数人的意见趋于一致时，市场就会往相反的方向发展。机构投资者也很难做到常胜不败，更不用说个人投资者了。但是，不预测市场不代表个人投资者不能做点什么。其中最重要的优势在于个人投资者有时间，我们不预测市场，但是我们可以考虑逆势布局。在市场阶段性的低迷行情或无人问津时，可以分批买入并长期持有，也可以在震荡市中、在行情的下方逐步建仓承接。对偏股型基金的操作也要遵循这一思路。只有这样，才能避免投资在高位，长期不能盈利，进而影响自己的投资节奏，追涨杀跌，造成亏损。

要做到敢于逆势布局，还需要一些条件配合。

第一，要有自己的闲置资金投资，否则短期被套容易影响心情、打乱节奏；要事先选择优秀的偏股型基金进行投资，享受时间的溢价。

第二，初入市场者不要猜测市场。学术界有多种模型预测股价的走势规律，但不论是何种模型，受到主客观条件因素的限制都无法准确预测股价的波动。初入市场者在市场的相对低位敢于出手布局，在市场高位就要止盈出局。我们经常会发现，市场的转折和投资者的心态有极其密切的关系，市场极度低迷，投资者的情绪也极度低迷，这往往预示着底部的到来。

3.2.2　偏股型基金历史业绩的表象与本质

根据表 3–5 所示的公募基金分年度中位数收益率和年平均收益率，我们可以清晰地认知，相对于沪深 300 等大盘指数，公募基金整体具备显著的获取市场超额收益的能力。公募基金整体的长期年化收益率领先于私募基金和沪深 300 等大盘指数。因此，公募基金获利的关键是长期投资，通过长期投资淡化牛熊年度的区间波动，等待风险收益特征回归获取较稳定的长期回报。

表 3–5　公募基金分年度中位数收益率和年平均收益率

年度	公募基金中位数收益率	私募基金中位数收益率	沪深300涨跌幅	创业板涨跌幅	上证综指涨跌幅
2010	3.43%	–16.54%	–12.51%	13.77%	–14.31%
2011	–24.36%	–33.16%	–25.01%	–35.88%	–21.68%

续表

年度	公募基金中位数收益率	私募基金中位数收益率	沪深300涨跌幅	创业板涨跌幅	上证综指涨跌幅
2012	5.02%	-10.32%	7.55%	-2.14%	3.17%
2013	14.74%	0.63%	-7.65%	82.73%	-6.75%
2014	22.61%	13.86%	51.66%	12.83%	52.87%
2015	46.17%	20.76%	5.58%	84.41%	9.41%
2016	-14.18%	-8.06%	-11.28%	-27.71%	-12.31%
2017	16.27%	11.04%	21.78%	-10.67%	6.56%
2018	-25.02%	-10.56%	-25.31%	-28.65%	-24.59%
2019	49.41%	14.94%	33.95%	43.33%	20.98%
2020	59.98%	26.02%	27.68%	65.69%	14.24%
年平均收益率	14.01%	0.78%	6.04%	17.97%	2.51%

数据来源：wind；截至时间：2020年12月31日。

3.2.3 偏股型基金的配置策略

"核心—卫星策略"（Core-satellite Strategy）是一种比较流行的资产配置策略，全球著名的资产管理机构如先锋、瑞银、巴克莱等都在应用这个策略为客户输出有效的资产配置解决方案。结合偏股型基金的投资，如何理解"核心—卫星策略"呢？

简而言之，“核心—卫星策略”是将偏股型基金组合分成“核心”和“卫星”两部分。其中，核心部分在整个投资组合中所占的权重更大，并在整个投资组合的安全、收益属性上起到决定性作用。核心部分通常也被称为“底仓”，目的是为满足投资者投资策略上对权益资产稳健的收益和风险要求。卫星部分在整个投资组合中所占的权重略小，是核心部分的补充和增强。在一定条件的约束下，卫星部分拥有更大的投资空间，且具有更加主动、积极、灵活和富有进攻性的特点，目的是帮助组合增强收益和分散风险。

根据每个人对自身风险偏好的认知，投资者在确定资产配置中的权益资产配比后，可以对权益资产部分按照“核心－卫星策略”进行二次分配。例如，稳健型投资者可以选择配置80%的核心部分、20%的卫星部分，平衡型投资者可以选择配置70%的核心部分、30%的卫星部分，激进型投资者可以选择配置50%的核心部分、50%的卫星部分。

核心部分的权益基金配置通常有两种选择。一种方案是选择沪深300、创业板、中证500等宽基指数。此类宽基指数的优势是费率低，并且与市场走势的相关度最高，便于实现如定期定额投资等纪律严明的简单策略。另一种方案是选择配置较均衡、中长期业绩优异且排名较稳定的主动权益型基金，利用公募基金在选股维度的优势获取中长期的超额收益。

卫星部分的权益基金配置同样有两种方案。其一是选择单一行业暴露的被动指数型基金进行投资，博取行业在一定时间周期内相对市场的超额收益；其二是选择投资风格偏好显著或投资板块相对集中的主动权益型基金，博取风格或板块叠加管理人主动管理带来的超额收益。

3.2.4 偏股型基金投资实例

由于宽基指数、行业指数和风格指数等被动投资完全依赖投资者自身的判断，同样比较基准的基金差异较小，因此本节着重介绍主动权益型基金的投资实例。

如表3-6所示，从职业生涯维度观测主动权益型基金经理的业绩，在足够长的时间维度下，优秀的基金经理长期从业的年化收益率在20%左右。从表中的统计数据观察，拥有10年以上职业生涯的基金经理的年化收益率很难显著超过市场上最优秀上市公司的净资产收益率水平。因为基金的规模越大，单个优秀上市公司股票对基金业绩的贡献就越小。所以，以三年周期维度考察，中等规模（50 亿元左右）能够获取稳定年化收益率（15% 以上）的偏股型基金应该是个人投资者关注的重点。

表 3–6　绩优基金经理 30 人名单

基金经理	基金公司	基金经理年限/年	任职基金规模/亿元	近10年的年化收益率/%
杜猛	上投摩根基金	10.93	172.33	23.82
王健	中欧基金	11.20	179.66	22.59
李巍	广发基金	10.74	114.40	22.37
刘彦春	景顺长城基金	13.13	748.35	21.88
孙芳	上投摩根基金	10.52	58.63	20.77
余广	景顺长城基金	12.05	136.76	20.41
冯波	易方达基金	12.46	351.32	19.68
吕慧建	华泰柏瑞基金	12.58	8.90	19.58
曾国富	信达澳亚基金	12.90	73.26	19.38
周蔚文	中欧基金	15.23	695.46	18.91
程洲	国泰基金	14.21	168.65	18.91
闫旭	华宝基金	14.10	29.09	18.88
王磊	大成基金	11.02	48.12	18.68
黄安乐	工银瑞信基金	10.56	47.74	18.61
王宁	长盛基金	15.23	11.54	18.53
朱少醒	富国基金	16.59	334.67	18.46
王宗合	鹏华基金	11.47	239.06	18.41

续表

基金经理	基金公司	基金经理年限/年	任职基金规模/亿元	近10年的年化收益率/%
吴勇	浦银安盛基金	12.18	20.46	18.26
曹名长	中欧基金	15.48	79.65	17.54
毕天宇	富国基金	16.56	47.43	17.53
魏东	国联安基金	17.74	19.63	17.48
王春	华安基金	11.87	44.97	17.40
王栩	汇添富基金	12.36	98.47	17.10
梁浩	鹏华基金	10.93	209.82	16.94
伍旋	鹏华基金	10.47	25.62	16.87
姚锦	建信基金	12.46	17.27	16.68
顾耀强	汇添富基金	12.48	274.46	16.65
杨明	华安基金	14.03	99.36	16.58
陶灿	建信基金	10.93	154.58	16.28
倪明	银华基金	14.00	45.02	16.02

数据来源：Wind；截至时间：2021年12月31日；筛选标准：选取“海通证券—基金业绩排行榜（2022-01-01）”中的主动混合型产品，按照近10年业绩排序，在基金经理年限超过10年、年化收益率超过10%的基金产品中选择前30名产品对应的基金经理。如果基金经理存在多只产品入选，则选取其最高收益。

从基金经理的长期业绩反观基金产品，个人理想的基金组合的底仓部分理论上应该选择长期业绩优异、波动相对较小、行业配置相对均衡且阶段性的排名相对稳定的基金产品。由于偏股型公募基金具有单方向多头持仓且相对收益考核的特点，追求穿越牛熊市的产品不太现实，而能够创造一条保持长期净值向上曲线的产品通常是优质的底仓配置的候选标的。

具体而言，首先剔除重仓配置单一板块，如白酒、医药等板块集中度高的基金，然后从中长期业绩（3 年或 5 年）维度筛选同类产品业绩前 20% 的基金作为备选。结合每个产品的过往多期季报，可以得到每个基金每个季度在金融、科技、消费、周期等大板块的重仓配置比例。接着，进一步精选备选产品中板块配置较均衡且年度维度上业绩排名稳定性较高的产品，作为拟投资标的。在考察配置均衡时，我们既要测算基金在上述四大板块配置的绝对值，也需要与同业进行相对比较。结合基金经理的从业背景、基金公司的研究能力和整体业绩，考虑当下基金的合适规模（慎重考虑规模大于 100 亿元的基金），最终决定作为核心部分的底仓配置产品，如图 3-2 所示。

行业板块		2019年1季度	2019年2季度	2019年3季度	2019年4季度	2020年1季度	2020年2季度	2020年3季度	2020年4季度	2021年1季度	2021年2季度
绝对持仓	金融板块	0%	0%	7%	29%	0%	0%	30%	38%	56%	11%
	科技板块	16%	7%	12%	42%	9%	10%	15%	8%	0%	54%
	消费板块	65%	84%	74%	20%	61%	46%	24%	33%	26%	17%
	周期板块	18%	8%	7%	9%	31%	45%	31%	22%	18%	17%
相对持仓	金融板块	−19%	−18%	−10%	12%	−11%	−7%	23%	30%	47%	5%
	科技板块	−8%	−13%	−13%	14%	−21%	−24%	−18%	−22%	−26%	22%
	消费板块	23%	37%	29%	−21%	16%	1%	−18%	−10%	−17%	−23%
	周期板块	3%	−6%	−6%	−5%	16%	31%	13%	1%	−4%	−5%

图 3-2 某基金的绝对持仓和相对持仓示例

从数据来看，排名稳定性较高的均衡底仓核心配置在中长期的复利效果较显著。

3.3 稳稳的小确幸：绝对收益基金

股票市场瞬息万变。一些投资者喜欢股市的高波动，因为这使他们可以在价格变动中寻找合适的交易机会。但对于厌恶风险的投资者而言，市场的震荡、起伏很大程度上增加了投资的难度。那么，是否存在这样一种基金产品能够减缓股票市场的波动呢？答案是肯定的，绝对收益基金就是其中的一种。

3.3.1 绝对收益基金对个人投资的价值

绝对收益基金是采取绝对收益策略进行投资的一种基金，即以追求绝对收益为目标，在严格控制组合回撤和波动的基础上力争净值曲线平缓向上，帮助持有人实现正收益的产品。这是一类收益稳健且风险较低的产品，它尽可能地把握确定性，最大程度避免亏损，争取“稳稳”的收益。在一定的情况下，绝对收益基金可能给投资者带来较好的持有体验，减少投资者因短期波动产生的担忧。

需要强调的是，绝对收益基金并非意味着每天都有正收益，只是在基金运作中更注重风险的控制，出现短期的亏损也是有可能的。但从长期来看，基金波动幅度小，正收益的概率大，最终通过正收益不断增加见证神奇的复利效果。

因此，这类基金在牛市行情下的走势并不突出，与债券型基金的收益差距不大。但在震荡市场、单边下行市场下，绝对收益基金的优势就显示出来了。绝对收益基金的目标是严格控制风险，持续获得正收益。区别于相对收益基金，绝对收益基金不追求超越业绩基准和同类产品。绝对收益基金的业绩基准一般是一个固定收益目标（如一年期定期利率），更强调安全性和确定性，尽可能避免亏损。

所以，投资者在股市波动加剧、不确定性提升时可以考虑买入绝对收益基金。对于有避险需求、对回撤容忍度低，但又希望获得相对合理、稳健的收益的投资者，绝对收益基金的配置价值更加显著。

3.3.2 绝对收益基金的筛选指标

（1）货币基金

对于货币基金，我们建议综合产品中长期业绩表现及规模波动两方面进行筛选。一方面，重点考察产品中长期历史绝对收益表现及净值波动率，重点关注其中中长期历史业绩较好且稳定性更强的产品；另一方面，关注规模中等偏上且稳定性较强的产品，在发挥规模效应的同时规避由于流动性冲击带来的收益损失。

（2）纯债基金

对于纯债基金（包括短期纯债基金、中长期纯债基金、一级债基），我们需要分别从定量和定性两个角度看。

从定量的角度看，投资者应当注重产品在回撤控制上是否出色，尤其重点观察其在熊市阶段的回撤数据，如在2016年四季度、2017年及2020年二季度债券熊市阶段，同时应关注纯债基金收益表现、风险调整后的收益表现。投资者应关注的具体指标包括产品区间收益表现、年化收益率、同类排名、夏普比率及逐个单年度的表现（是否年年正收益）等。

从定性的角度看，投资者可通过调研过程中对固收平台、基金经理宏观研究能力、投资理念、产品风格的进一步了解，选择具有平台优势、个人能力突出、采取稳健投资理念、以绝对收益为目的的产品。

（3）"固收+"产品

对于"固收+"产品（包括二级债基、偏债混合型基金、灵活配置基金等)，投资者应重点关注基金经理对大类资产的配置能力、产品的风险收益目标及权益市场的投资能力。基金经理对大类资产的配置能力包括其大类资产配置是否契合市场、是否能够及时进行组合的再平衡。投资者应尽可能了解产品在杠杆、券种分布及久期上的配置特点，了解基金经理在固收上的投资风格。在权益市场的投资能力方面，投资者应当关注团队是否具备较强的研究和投资能力、是否具备出色的选股和择时能力等。

(4)可参与打新的混合型基金

对于可参与打新的混合型基金，投资者可以从报价有效性及整体打新收益两个角度关注基金公司的打新能力。如果报价入围率及整体打新收益均位列前茅，则说明其在打新方面具备一定的竞争力。

(5)多空对冲基金

对于多空对冲基金，投资者应综合考察产品成立的时间、成立以来的回报、不同市场环境中的收益表现及产品规模的变动，同时结合调研中对基金投资逻辑、投资风格的了解进行综合判断。

3.4 应避免的基金投资陷阱

正如玫瑰花拥有娇艳的花朵，同时也长满了暗刺一样，投资的路上不仅有慢慢变富的希望，同时也有必须时时提防的“温柔陷阱”。

3.4.1 不值得投资的基金

2020 年公募基金迎来牛市，吸引了大量新生代基金投资者进入市场。投资者在购买基金时，最直观、最有说服力的评价指标便是基金的业绩，这也是各大平台推荐基金时最常使用的。那么，除了使用各类指标评判基金的历史业绩，投资者还应该考察基金的哪些特征呢？

（1）频繁更换基金经理

如果一只基金频繁更换基金经理，这对于基金来说不是一个好的信号。除了受到基金的合同约束、公司平台的投研能力强弱影响以外，基金业绩很大程度上是由基金经理直接决定的。频繁地更换基金经理，背后的深层原因可能是公司对这只基金定位不明确，或者每次任命的基金经理表现不尽人意，始终找不到合适的人来管理这只基金。“世界上没有两片相同的树叶”，每个基金经理的投资理念都有差异。更换管理人后，基金经理可能要耗费一段时间调整基金的原始持仓，使其匹配自己的投资理念。如果1～2年就换一位基金经理，基金的调仓成本巨大，且容易错过市场上的一些行情，投资者也不确定基金的业绩能否持续下去。

（2）持仓换手率太高

买基金时，投资者同样需要关注基金的持仓个股交易情况。由于基金会在年报和半年报披露买入股票成本总额和卖出股票收入总额，用这个数据除以基金的规模，可以大致估测出基金经理的持仓换手率。

大部分百亿规模基金经理的持仓换手率都是比较低的，因为管理的规模较大，每次调整持仓都会有一定的冲击成本（在交易中需要大规模地买进或卖出证券，因此没有按照最好的价位成交，从而支付更多的成本）。因此，许多基金经理尤其是百亿元级别的基金经理都有很强的前瞻性，会维持一个长期配置的思路。

在真实的市场交易中，所有人都希望能够低买高卖，规避熊市，但正确地择时是比较困难的。除了一小部分交易能力比较强的基金经理以外，基金高换手率操作可能只是无用功。

有些投资者购买了基金以后发现，平台给出的基金每日估值会与基金第二日实际披露的净值变动有很大的偏离，甚至基金的实际披露净值变动常常差于估计的净值变动，这是因为平台给出的净值估计是基于基金上个报告期的公开数据的持仓计算得到的。投资者在购买基金时需要尽量规避那些换手率极高的基金。

（3）业绩回撤太大，持有体验糟糕

许多基金投资者觉得，某只基金过去的业绩很好，但自己一旦购买，似乎很难赚钱。我们考察了许多市场大卖的基金，过去一年的收益率都在70%以上，但过去一年持有的用户中有超过50%的用户可能都在亏钱。基金赚钱，基金投资者亏钱的情况为什么会发生呢？最主要的原因是基金投资者往往受市场吸引，更多买在市场的高点。这时考察基金的回撤就显得尤为重要。最大回撤是指在选定周期内任一历史时点往后推，产品净值走到最低点时的收益率回撤幅度的最大值。最大回撤用于描述买入产品后可能出现的最糟糕的情况。回撤太大的基金，风险也比较大。虽然基金这种投资品的波动性本身就比债券等资产大，但投资者也要尽量规避回撤太大的基金。

除了回撤以外，基金回撤爬坡所需要的时间也非常重要。基金回撤爬坡所需要的时间是指投资者如果真的买在市场的高点，需要多久才能扭亏为盈。因此，投资者需要尽量避免购买回撤爬坡所需时间过长的基金。

（4）配置行业过于单一

投资者在购买股票型基金时，同样也要避免购买配置行业过于单一的基金。如果投资者是以全市场选股为范围，达到高收益、低波动的目标，那么也要尽量避免这类行业配置过于集中、风险过多暴露于某个特定行业的基金。

但是，此类行业配置过于单一的基金是不是就百无一用呢？答案是否定的。倘若基金投资者本身就具有一定的投资判断能力，对某个行业或主题极为看好时，可以尝试配置一些此类风格单一的基金，以增大配置的弹性。

（5）基金风格切换频繁

投资逻辑比较清晰、投资理念比较坚定的基金经理往往会有脉络鲜明的投资主线。例如，基金经理擅长投资消费品领域，那么他的持仓大部分会配置在消费行业；基金经理擅长发现低估值的个股，那么他会将持仓提前布局于低估值个股，等待价值的复苏。

3.4.2 基金投资的常见心理误区

为什么基金本身是挣钱的，而投资者却往往不挣钱呢？很多时候，其实是投资者的心理谬误在作怪。本杰明·格雷厄姆的投资经典作品《聪明的投资者》以较大的篇幅讨论了投资者的心理问题。他认为："投资者最大的问题甚至最可怕的敌人，很可能就是他们自己。"显而易见，投资者的情绪无时无刻不在影响着他们的投资行为。

每天的市场波动和基金单位净值变动都会影响投资者的情绪和心理，情绪和心理的变化容易让很多投资者陷入一些常见的心理误区。这种现象一方面源于人性中的弱点和惯性，另一方面来源于普通投资者有限的金融投资认知。

现实生活里，投资者常常越想赚钱，就越容易蒙受损失；投资者交易得越多，投资表现反而越差。因为这类投资者更易受行为偏差的影响。和其他决策过程一样，投资者的投资决策过程容易受其他人和"社会共识"的影响。每个投资者的收益或损失看似是随机产生的投资结果，实际上对资本市场和金融体系的稳定会有举足轻重的影响。可以说，正是投资者的狂热、惊恐或绝望招致了一次次的泡沫及其幻灭。

（1）从众心理

从众心理又称为羊群效应，个体往往会因为趋从于大多数人的观点，不自觉地采取某种一致性行动。从众心理在基金投资中有几种常见的表现：如在牛市时一哄而上，在熊市时一哄而散；又如人云亦云、盲目追逐热点等。在情绪的感染下，投资者很容易跟风操作，久而久之失去了独立思考与理性判断的能力，却没有察觉到自己在投资过程中实际上在被各种时时变换的热点裹挟，被大众或狂热或沮丧的情绪感染。

很多投资者因为欠缺金融市场的基础知识与投资常识，在具体的投资实践中表现出不自信。要想实现长期获得正确的结果，投资者必须独立且理性地做出投资决策，从而在耐心和等待中获得市场的长期合理回报，避开市场的短期行为错误。

（2）追涨杀跌

市场总是瞬息万变，永恒不变的就是变化。但是，在面对未知的市场走势时，趋利避害的人之本性就显露无遗。投资者的自我定位往往趋向两种极端：一种是过于自信，幻想自己的操作都是完美的低买高卖；另一种是毫无自我判断，一旦有任何风吹草动就会引发剧烈的心情波动，进而引发恐慌性操作。

对于大多数投资者来说，对基金市场的投资应该做到选择时慎重，选定一只基金后需要保持信念和耐心。现实中，投资者往往是抄底抄在半山腰。这就需要投资者战胜人性的弱点，通过长期持有争取长期较高的回报，同时规避市场短期波动带来投资损失。

（3）后悔厌恶

投资中产生的后悔厌恶情绪往往会成为人们对自己的一种心理惩罚。让投资者耽于过去，既不能及时纠正过去的错误，又不能把握未来的机遇，最终在时光的流逝中浪费了时间价值。但是，没有人会不犯错误，也没有人能踩准每一个时点，投资经验都是在一次次试错中积累的。你是否也经历过这样的后悔情形？遗憾自己在一次次选择中放弃了买入某一只大牛基金；遗憾在回顾行情中没有在高点卖出，错过了最大收益；后悔在基金的比较过程中错过了更好的那一个……当然，后悔厌恶情绪是人性弱点，它的产生不可避免，重要的是及时抑制这种情绪。如果任由后悔厌恶情绪发展，既容易导致墨守陈规的投资习惯，不敢尝试新的选择，甚至陷入刻板印象的心理误区，又容易导致无法及时纠正投资错误，使小错误发展成大错误，并最终酿成长期的投资失利。

（4）过分注重短期市场

追逐短期赚快钱是人的天性，从众心理往往与各种市场的短期行为紧密联系。牛市中，投资者关注短期的上涨，完全忽视本金永久性损失的风险。熊市里，投资者关注短期的向下波动，厌恶因波动而造成的本金浮亏，完全忽视了以便宜的价格买入优质资产在未来能收获的巨大补偿。所以，投资者不要过分看重短期的表现，更多是要思考它背后的能力及“护城河”，真正的本质是什么。因为现象是纷繁复杂的，而只有本质是相对不变的。

（5）亏损厌恶症

人都有厌恶损失的心理，同等程度的盈利给投资者带来的愉悦无法覆盖同等程度的损失带来的心理创伤，这是投资行为学中的典型案例。但是，这种非理性的行为也会带来很多弊端。一种典型表现是投资者无法经受浮亏，当投资的基金有一定程度亏损时，心理承受能力较弱，就会引发频繁操作。尤其在熊市或震荡行情中，很多极度厌恶损失的投资者会卖出自己选定的优质基金，也就与长期的投资红利机会擦肩而过了。

第 4 章
用科学方法玩转资产配置

前文已经对各类资产做了初步的介绍，如果把投资看作做菜，那么这些底层的资产就像原材料。在对原材料的特征有了认识之后，就应该学习如何把这些原材料组合成一道美味的菜肴。这也就是本书所说的资产配置。对于个人投资者来说，学会资产配置是必要且至关重要的。

4.1 实用的资产配置手册

如同烹制菜肴需要遵循复杂的流程工序，投资者想要实现科学的资产配置，将投资的“原材料”搭配成可以贡献积极收益的配置组合，也需要有系统的流程和成熟的思路。为了更好地指导投资实战，本节整理了一份实用的资产配置手册。

4.1.1 资产配置对个人投资的意义

要介绍资产配置，就不能不提现代投资组合理论。现代投资组合理论即马科维茨投资组合理论。马科维茨用收益率的期望值来度量收益，用收益率的标准差即收益率的波动幅度来度量风险。马科维茨投资组合理论有一个大的前提，即投资者不仅关心投资收益率，也关心投资风险，而且投资者是厌恶风险的。倘若不考虑投资风险，有数据表明长期来看股票收益率一直是所有资产收益率中比较高的，那么投资者全去买股票就好了，也谈不上什么资产配置。因此，也有一种说法即资产配置实际上就是在配置风险。而厌恶风险是指如果在两个具有相同预期收益率的资产之间进行选择，投资者会选择风险较小的。

要让投资者承担更高的风险，就必须有更高的预期收益率来补偿。因此，理论上投资者可以通过资产配置找到一个在给定风险下使期望收益最大化或在给定期望收益下风险最小化的有效组合。

对于投资者来说，预期收益和风险是资产配置中两个最重要的考虑因素。如果个人投资者觉得上述理论过于抽象，下面以具体例子说明如何在生活中运用资产配置的思路。

作为全球最具影响力的信用评级机构之一，标准普尔提供了有关信用评级、风险评估管理、指数编制等众多专业金融服务。标准普尔曾调研全球数百万个资产稳健增长的家庭，在经过详细且专业的统计分析后将他们的理财方式归纳总结，得到标准普尔家庭资产象限图，如图 4-1 所示。

总的来说，标准普尔建议个人投资者将自己或家庭的资产分为现金账户、保障账户、投资账户及理财账户 4 个账户。

第一个账户为现金账户，建议配置比例为 10% 左右，一般要有 3 ～ 6 个月的生活费。这个账户主要是为了满足日常的消费需求，出于流动性考虑一般放在银行活期储蓄卡中。每位投资者通常都有这样一个账户，只是这个账户中资产比例会过高，导致其他账户相应地比例过少。

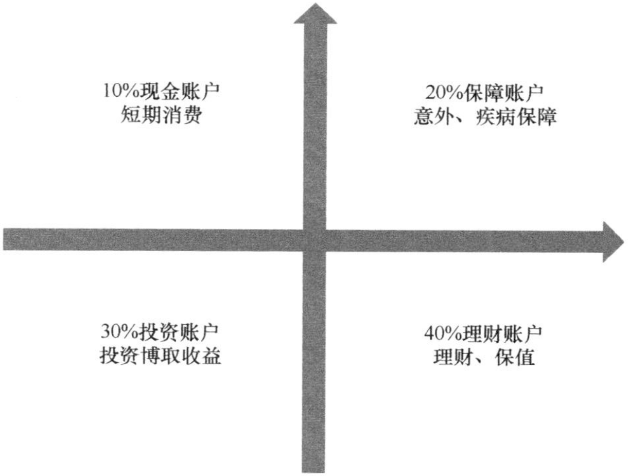

图 4-1 标准普尔家庭资产象限图

第二个账户为保障账户，建议配置比例为 20% 左右。这个账户的钱可以看作用来保命的钱，为的是保障突发的大额开销。因此，一定要保证这个账户的钱专款专用。保障账户是将不可承受、不可预知的风险转嫁到确定的开支中，尽量避免突如其来的大额支出，确保生活不会受到影响。保障账户最常见的配置为各类保险，包括意外保险、医疗保险、重疾保险、人寿保险等。

第三个账户为投资账户，建议配置比例为 30%。这个账户就是个人投资者最熟悉的，通过投资各类风险资产来博取收益、提升生活品质的账户。最常见的投资有股票、基金、投资型房产等。但是，高收益也意味着高风险，配置前要做好相应资产的风险测评工作，具体配置多少需要与自己的风险承受能力相匹配。后文将介绍的资产配置主要是在这个账户中，对各类风险资产再做进一步的细分配置。

第四个账户是理财账户。这个账户中的钱主要考虑的是安全性，在保证保值的前提下再寻求少量的增值。配置比例为40%左右，是比例最大的。投资也应该放在保本增值、抵御通胀的项目上，收益并不要求很高，但能带来长期、持续的稳定收益。最常见的投资有年金保险、国债、信托等。个人或家庭的教育金、养老金通常会放在这个理财账户中。

4.1.2 资产配置的要素

上一节对资产配置做了初步的引入，再总结一下，资产配置是根据投资需求将投资资金分配到不同的资产类别中去。其目标是以不同资产类别的历史表现与投资者的风险偏好作为基础，通过研究得到各个资产类别在投资组合中对于该特定投资者来说最佳的投资比例。资产配置是投资组合管理中较前期的准备步骤，也是非常重要的一个环节，决定了整个投资组合的业绩。资产配置可以起到降低投资者风险、提高投资者收益、消除投资者对收益承担的不必要的额外风险等作用。

资产配置的结果与投资者的需求和特点密切相关。个人投资者和机构投资者，短期投资者和长期投资者，会选择不同的资产类别进行投资。即使选择了相同的资产类别，其分配的比例也大相径庭。因此，进行资产配置有一些主要的因素需要考虑，包括收益预期、风险承受能力、流动性需求、投资期限、税收、法律法规及其他一些特殊情况。

4.1.3 资产配置的过程

执行资产配置的整个过程可以分为4个步骤。

第一步是要明确投资者的收益预期和风险承受能力。风险和收益是资产配置过程中最重要的两个因素。尤其是风险维度，因为在没有风险的约束下，投资者只需要投资收益率最高的资产就行了，也就没有配置的必要。在此需要特别强调预期收益和风险的合理性。很多时候，个人投资者对收益率的预期与真实情况有较大的背离。例如，在这两年的股票牛市中，很多权益型基金的涨幅都比较好，就有一些投资者会以这两年的收益率为标准，要求或希望将来每年的年化收益率能有

40% 甚至 50%；还有些投资者希望有 20% 的年化收益率，却最多只愿意承担 5% 的最大回撤风险。这些预期就是不合理的。如果按照这些标准，无论怎样进行资产配置，长期来看都是无法达到目标的。只有在各个风险约束下明确了投资者的风险承受能力，并在此风险下敲定一个合理的收益区间，才能进一步进行资产配置。

第二步是要确定具体的投资范围，也就是要投哪些资产。不同的资产类别，其本身风险的收益特征肯定也各有不同。因此，投资者需要框定一个可以实现自己收益风险目标的投资范围，找出可以通过配置使组合风险收益特征与目标相匹配的那些资产。常见的投资资产有现金、股票、固定收益证券、基金、大宗商品、其他另类投资及衍生品等。投资者还需要进一步将各个资产大类进行细分。例如，股票可以分为大盘、中盘、小盘、价值、成长，固定收益证券可以分为国债、信用债、存款等，基金的分类在前文已经详细介绍，另类投资中还包括房地产、私募股权等。在条件允许的情况下，海外的资产也要纳入考虑范围。将大类资产细致划分后，更容易找到合适的可投资标的。

第三步是具体确定资产配置的比例。通常有两种配置比例的思路。一种是经济学家和市场策略研究人员习惯的自上而下的配置思路。所谓自上而下，就是从宏观经济的角度出发，认为资产的收益和风险是会被现有的经济环境影响的。例如，当经济增速超预期的好时，往往会伴随着权益市场的一波牛市。而当通货膨胀水平高时，债券的表现通常不太亮眼。自上而下的配置需要对宏观经济环境有一定的预测，并且判断在接下来的一段时间内，哪些市场或行业将会有相对好的表现，再在这些市场或行业中寻找具体的公司或证券进行配置。另一种是自下而上的配置思路，这种思路不强调经济周期或行业分析，而是注重研究底层资产的具体情况。例如，对于股票，就是重点公司的盈利情况、管理质量、商业模式等方面。以此为基准，选定了底层的资产以后，再统一起来看是否需要在资产大类进行调整。自下而上的方法对经济的趋势关注度相对于自上而下的方法要低很多。自下而上更注重底层资产的细节。

第四步是构建组合并定期再平衡。在资产配置完成以后，由于市场的波动、底层资产价格的变化、基本面的变化等原因，先前制定的配置比例往往会随着时间的推移渐渐被动地背离原来的基准。这时就需要定期对资产配置比例进行再平衡，将现有的组合调回原先的比例。再平衡执行的频率一般为季度或月度。当然，如果投资者的需求本身发生了变化，或者经济、市场有了大的变动，投资者也需要主动地调整资产配置的方案。

4.2 个人投资者资产配置指南

资产配置不是一套简单化的标准程序，它需要投资者结合个人的生活因素、国家的经济周期、不同的生命周期阶段等因素做全盘的考量。基于 5 个重要方面综合考虑，本节总结了一份实用的个人投资者资产配置指南。

4.2.1 资产配置要考虑的个人因素

（1）风险目标

资产配置首先需要考虑的因素就是投资者的风险承受能力。风险承受能力的具体量化指标可以分为绝对指标、相对指标，或者两者结合。绝对风险指标与资本市场的表现好坏无关。要完成绝对风险指标，最简单的方法就是购入无风险资产。当然，这样也就失去了资产配置的意义。在配置风险资产时，通常会在绝对风险指标前加一个概率。例如，在任意 12 个月内，有

95% 的概率最大回撤小于总投资资产的 5%。另一部分投资者会选择一个相对风险目标，将风险与某些基准挂钩。这些基准通常会选择认可度高的指数，如沪深 300、标普 500 等。相对风险指标是指组合与基准指数的跟踪误差，即组合相对于基准指数的偏离度。对于类现金类的投资，有时风险指标会选择 Libor[1] 或 10 年期国债利率。

资产的风险特征比较明晰，然而投资者本身的风险预期则受许多其他因素影响，如投资者的性格、年龄、资产负债情况等，需要具体情况具体分析。对于个人投资者而言，个人年龄通常是影响资产配置的最主要因素。

（2）收益目标

收益目标与风险目标类似，也有绝对指标和相对指标。对于绝对指标，投资者可以直接设定一个确定的收益率，可以用名义利率表示，也可以用调整过通货膨胀影响的真实利率表示。对于相对收益目标，则可以以权益市场指数如沪深 300、中证 500 等作为基准，收益率目标设定为相对于基准的超额收益，例如，每年超越沪深 300 指数 10%。某些特定资产，如基金，会

1 即伦敦同业拆借利率，是指国际上银行之间短期资金借贷的利率。

以同类型资产的平均收益率作为基准，希望有超越平均的收益。当然，收益率目标设定时也要明确是费前收益还是费后收益、是税前收益还是税后收益等细节问题。

（3）流动性

资产的流动性是指资产以公允价格卖出变现的难易程度。流动性好的资产，就是很容易变现的资产。投资者必须明确何时有可能要赎回资金，以及这个可能性的大小。例如，个人投资者通常会有医疗或学费的支出，这时就可能要从投资账户中取出一部分钱。因此，在资产配置时有一部分资金需要配置给流动性需求，即配置流动性最好的资产来应对可能的资金赎回。如果没有这部分配置，投资者在紧急需要赎回资金而又无法成功赎回时就会遇到无钱可用的尴尬。现金和类现金资产、货币市场工具如商业票据等都是流动性强的资产，房地产等则是流动性差的资产。投资者需要根据自己短时间内处理资产的可能性，设定投资中流动性资产配置的最低比例。

（4）投资期限

投资期限可以是指组合持续到任意资产被赎回的时间，也可以是指投资开始到投资者情况发生改变的时间。假如一位

40 岁的年金投资者在 60 岁时退休，那么他的投资期限就还有 20 年。投资期限将会影响资产配置的比例。流动性差或风险过高的资产可能就不适合投资期限很短的投资者，因为投资者很可能没有足够的时间去弥补短期的损失。相反，这些资产就比较适合长期投资者，高风险的资产会有足够的时间带来较高的回报。

（5）税收

对于不同的投资者来说，其税收结果都是不同的。因此，税收也是资产配置必须要考虑的因素之一。大部分投资业绩都是用税后的收益率来考量的。对于税率比较高的投资者而言，他们在资产配置的过程中会更注重可以减免税款的资产。例如，一位美国的投资者可能会希望有一些固定收益类资产的配置，如一些美国市政债券，这时因为不同于国债和企业债，市政债券是免税的，配置市政债券可以给投资组合带来更高的收益。

（6）法律法规

一些特殊的投资者在进行资产配置时会受到法律法规的限制。例如，许多企业年金、养老金在投资时，就通常会限制投资在股票以及其他风险资产上的比例。公募基金在投资时也会限制投资于股票、债券的比例，对底层资产的规模、成立年限等都有一定的要求。对于个人投资者来说，法律法规通常只有当投资者得知某特定资产的重大非公开信息时才会有限制。例如，上市公司的高管在一般的时间都被限制、禁止交易自己公司的股票，只有特定时间才能交易。

4.2.2 不同生命阶段的资产配置

对于个人投资者来说，在不同的生命阶段，风险承受能力是不同的。因此，在不同的生命阶段，投资的资产配置也会有变化。投资者在年轻时的风险承受能力较强，即使承受了损失也有时间弥补回来，因此这个阶段配置风险资产的比例应该高一些。随着时间的推移，投资者的风险承受能力会逐步降低，到了临近退休的时间点，绝大部分投资资产应投资于固定收益等低风险资产，以保收益为主。体现这种资产配置变化最典型的例子就是目标日期基金。

目标日期基金通常以退休期限命名，随着设定目标日期的临近，沿着下滑轨道逐步降低权益类资产的比例，增加非权益类资产的配置比例。该类产品最核心的内容就是下滑轨道的设计，其资产配置权重就是根据下滑轨道来调整。下滑轨道的设计是该类基金的核心竞争力。不同基金管理公司之间，不同目标日期产品之间的下滑轨道存在一定的差异。目前，由于美国的目标日期基金规模大，发展也最完善，就以美国市场的目标日期基金来看。某些较激进的基金会在投资期开始时配置 100% 的权益资产，而相对保守的目标日期基金在一开始也会配置 85% 的权益资产。在投资期末，激进的下滑轨道设计仍会保持 45% 的较高权益类资产比例，而较保守的下滑轨道设计则倾向于仅维持 20% 的权益配置比例，以更好地控制风险。在目标日期基金方面管理规模最大的先锋基金（Vanguard），其下滑轨道的设计对于个人投资者在不同生命阶段的资产配置有借鉴意义。其计算模型将全部投资者的普遍特征以及平均风险约束考虑在内，定制组合下滑轨道，体现了生命周期投资的特征。同时，利用蒙特卡洛模拟，通过大数据评估不同资产配置带来的风险收益特征和在不同市场情况下的模拟表现，最终得到最优的资产配置设计。其模型综合考虑了很多现实的因素，如投资者的风险厌恶情况、储蓄率、退休后的消费需求、退休工龄、工资的增长率、未来各类资产的表现情况等。华夏养老 2035 三年持有混合（FOF）A（006622）设计的下滑轨道可供投资者参考，如图 4-2、表 4-1 所示。

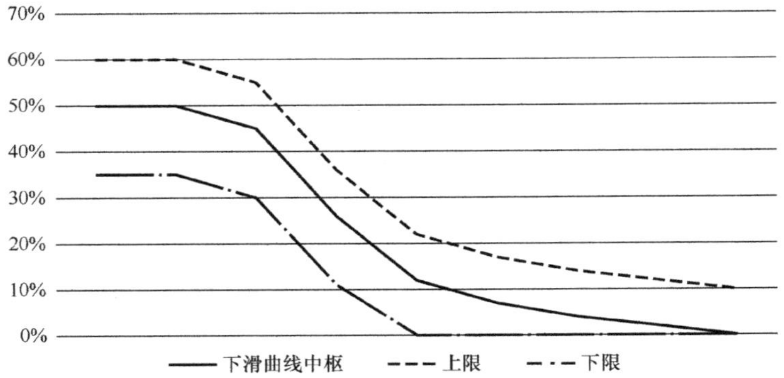

数据来源：华夏养老目标日期 2035 三年持有混合型发起式基金中基金（FOF）招募说明书；截至时间：2019 年 3 月 11 日。

图 4-2 华夏养老 2035 三年持有混合（FOF）A（006622）下滑轨道设计

表 4-1 华夏养老 2035 三年持有混合（FOF）A（006622）的下滑曲线权益类资产配置比例中枢及权益资产投资比例上下限

年份	下滑曲线权益资产比例中枢	权益资产比例上限	权益资产比例下限
2018—2020	50%	60%	35%
2021—2025	50%	60%	35%
2026—2030	45%	55%	30%
2031—2035	26%	36%	11%
2036—2040	12%	22%	0%
2041—2045	7%	17%	0%
2046—2050	4%	14%	0%
2051—2055	2%	12%	0%
2056—2060	0%	10%	0%

数据来源：华夏养老目标日期 2035 三年持有混合型发起式基金中基金（FOF）招募说明书；截至时间：2019 年 3 月 11 日。

4.2.3 不同市场周期的资产配置

在不同的市场周期中，投资者也需要相应地调整资产配置的比例。这里介绍一个关于经济周期与相应资产表现的模型——美林时钟，相信可以给投资者一些借鉴。

美林证券基于美国多年的经济数据实证，将宏观经济周期的4个不同阶段与大类资产配置和行业轮动联系起来，提出了美林时钟投资模型。美林时钟是一个非常实用的指导资产配置的投资工具，能够帮助投资者识别经济周期所处的重要转折点。根据对经济周期拐点的判断，投资者做出相应的大类资产投资决策，争取配置历史上在该经济周期内表现最佳的几类资产，获得超额的投资收益。

美林时钟用经济增长率（用GDP的增长率作为观察指标）和通货膨胀率（以CPI的变化数据来观察通胀）这两个宏观指标的高和低，将经济周期分成了低GDP增长和低CPI增长的衰退期、高GDP增长和低CPI增长的复苏期、高GDP增长和高CPI增长的过热期、低GDP增长和高CPI增长的滞胀期4个阶段，如图4-3所示。经典的繁荣至萧条的经济周期从衰退开始，历经复苏、过热、滞涨，4个阶段顺时针推进。在此过程中，债券、股票、大宗商品和现金依次变现优于其他资产。

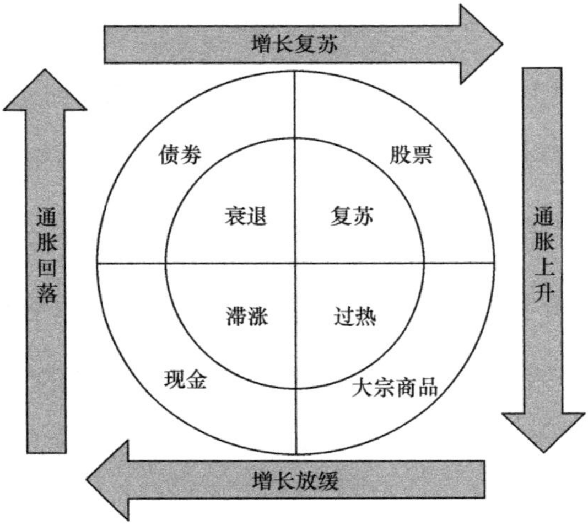

图 4–3　美林时钟

在衰退中，GDP 增长缓慢，产能过剩和大宗商品价格下跌使通胀率也较低。与此同时，利润也处在比较低的水平，实际收益率下降，收益率曲线向下移动并逐渐变陡峭。在经济衰退中的国家，其央行会降低短期利率，试图使经济回到可持续增长的道路。所以，在这个阶段，债券是最好的投资配置。

在复苏中，宽松的政策逐步开始奏效，经济增长开始加速。在这个阶段，通常在之前衰退阶段的多余产能还没有完全被利用起来，所以通货膨胀继续下降。同时，由于周期性生产力的增长强劲，利润也开始边际修复。一般来说，此时中央银行的政策仍会以宽松为主，债券收益率曲线仍会在较低位置。此阶段由于股票对经济的弹性更大，其相对债券和现金具备明显的超额收益。

在经济过热中，通货膨胀快速上升，生产率增长逐渐放缓，产能渐渐受限。到了这个阶段，中央银行会尝试加息使过热的经济回到可持续增长的路径。GDP 增长仍保持在较高水平，向上移动并逐渐平坦化的收益率曲线会使债券表现较差。在此阶段，通胀上升会使持有现金显得毫无价值，股票的配置价值仍然相对较强，而大宗商品或与商品相关的股票的表现通常将会是最好的。

在滞胀中，GDP 增长率低于潜在经济增长，但是通货膨胀率持续上升。生产力下降，工资、生活用品价格上升，企业为了保护其边际利润被迫提高价格。这种恶性循环的结果通常只有急速上升的失业率才可以打破。通胀太高，会使央行也不愿意轻易放松货币政策来刺激经济增长。因此，债券表现较差。股票由于企业利润糟糕，表现也相对较差。此时，现金是最好的投资资产。

可见，通过美林时钟模型对大类资产进行积极的管理，一方面可在复苏期和过热期通过投资股票和大宗商品获得更高的收益，另一方面可在滞涨期和衰退期通过配置债券和现金等防御性资产规避风险。但需要指出的是，美林时钟模型是根据美国几十年的经济发展与资产表现规律总结出来的，不一定适用于全球各地的市场。另外，美林时钟的周期也不会总按顺序递进，有时也会跳过一个阶段直接到下一个阶段。这个模型的意义更多是提供一种思路，将经济周期与资产配置挂钩，给投资者一定的建议与启发。

4.2.4 战略性资产配置

个人投资者在明确自己的投资收益预期与风险承受能力，并且综合考虑其他一系列因素、确定大的投资框架后，下一步就是进行组合的资产配置，决定具体哪些资产类别将被纳入投资范围，以及每个资产类别的比例。一般来说，资产配置可以分为战略性资产配置和战术性资产配置。

战略性资产配置是在满足投资者要求的情况下所做的长期的资产配置，是对资产做的整体性、事先性、纲领性的规划与安排。战略性资产配置应该反映投资者的长期投资目标与策略，确定各主要大类资产的投资比例，并建立最佳长期资产组合。战略性资产配置是追求长期回报的资产配置，其基于较长投资期限的前提来做配置。这种资产配置方式重在长期的回报，几乎不会在意各类资产短期的表现及波动。投资期限通常都会长达 5 年及以上。投资者需要根据各类资产的长期预期收益率、长期风险水平和各类资产间的相关性等因素，运用现代投资组合理论等优化模型构建一个最优的投资组合，并以此形成战略性资产配置。战略性资产配置中一般会加入一些与其他资产相关性低的资产，通过分散化的配置降低资产组合的风险。战略性资产配置需要对各类资产有一个相对准确的预期，其配置一旦确定，在投资期限内会保持相对稳定。

4.2.5 战术性资产配置

既然有考虑长期策略的战略性资产配置，那么自然也有关注短期策略的战术性资产配置。虽然战略性资产配置可以在长期达到投资者的需求，但是短期各类资产的波动及一些其他特殊事件也不能完全不考虑。如果能捕捉到这些短期的变化因素，基于短期资产的波动率和收益预期相应地变化资产配置比例，可以达到增强组合回报率的效果。所谓战术性资产配置，就是在战略性资产配置确定的大类资产配置比例上，根据短期内各资产的表现及资产预测，主动地调整各资产的配置比例，有意地对战略性资产配置的比例进行偏离。

战术性资产配置是一种主动、积极的策略，它需要预测短期资本市场和宏观经济的情况，主动调整以博取收益。战术性资产配置强调市场的变化，需要投资者有一定的择时能力，运用金融工具对大类资产配置的比例进行调整。其配置周期较短，一般在 1 年以内，如月度或季度。

战术性资产配置需要注意的是在配置时没有重新定义投资者的收益目标和风险承受能力。由于需要对后市的发展做出前瞻性预测，战术性资产配置并不是每次都有效。后文在介绍组合的择时技巧中也会提到，择时是一种非常困难、也很稀有的能力，只有少数投资者能通过择时长期获得超额收益。

第 5 章
投资基金，组合拳胜过单打独斗

所有资金压在单一基金上的行为往往带有一些打赌或盲猜的性质，让投资潜藏着巨大的风险。因此，我们更加提倡通过组合投资的方式配置基金，以达到更优的收益结果。

5.1 玩转基金组合

普通投资者该如何构建自己的基金组合呢？本节将从资产配置理念、择时技巧、投后管理和再平衡三个维度切入，帮助大家玩转基金组合。

5.1.1 运用资产配置理念构建基金组合

“不要把鸡蛋放到同一个篮子里”，这句话在投资界已经成为一个经典原则。事实上，这句俗语背后包含的风险分散化的道理对于投资者构建基金组合也同样适用。

基金组合就是购买一篮子基金来分散风险，同时达到符合自己期望的收益。将资金分散投资于不同种类、不同特征的基金，就构成了一个基金组合。基金组合的构建是至关重要的。一个优秀的基金组合可以帮助投资者穿越市场牛熊市周期的变化，随着时间的推移实现长期稳定的收益。而构建这样一个基金组合，需要用到一些基础的资产配置理念。所谓资产配置，其实就是按一定的比例配置不同品种、不同类型的资产。对于基金组合来说，这里的资产就是指前文已经详细介绍过的货币型基金、债券型基金、股票型基金等投资于各种标的的基金。

投资者建立投资组合的第一步，就是要明确自己的投资目标、投资期限，以及认清自己可以承受的投资风险。例如，风险承受能力较低、投资期限较短、对收益要求较低的投资者应当较大比例地投资于货币型基金及债券型基金；相反，如果投资者对收益的要求高、风险承受能力比较强，投资期限也相对较长，则应主要投资于较高风险的股票型基金或偏股混合型基金。具体地说，组合可以按风险偏好的不同分成以下 5 类。

（1）保值型组合

这类组合适合风险偏好最低、只求资产保值安全，并在短期内能有微小收益的投资者；建议配置比例为现金占 20%、货币型基金占 40%、债券型基金或偏债混合型基金占 30%、股票型基金或偏股混合型基金占 10%。

（2）稳健型组合

稳健型组合适合风险偏好较低、期待资产能够长期稳健增值的投资者；建议配置比例为现金占 10%、货币型基金占 20%、债券型基金或偏债混合型基金占 40%、股票型或偏股混合型基金占 30%。

（3）平衡型组合

顾名思义，平衡型组合是资产配置没有明显倾向、相对均衡的组合，适合有一定风险承受能力的投资者；建议配置比例为现金及货币型基金占 15%、债券型基金或偏债混合型基金占 35%、股票型或偏股混合型基金占 50%。

（4）成长型组合

这类组合适合风险偏好较高、期望资产可以快速成长、对收益有一定的要求、整个投资期限相对较长的投资者；建议配置比例为现金及货币型基金占 10%、债券型基金或偏债混合型基金占 25%、股票型或偏股混合型基金占比 65%。

（5）积极型组合

这类组合是攻击性最强的，完全以获取高收益为目标，适合风险承受能力高、投资期限长的投资者；建议配置比例为现金及货币型基金占 5%、债券型基金或偏债混合型基金占 15%、股票型或偏股混合型基金占 80%。

投资者找到适合自己的各类资产投资比例后，要想构建组合，还有一些其他要点也不能忽视。首先，风险不会单纯地因为基金数量的增加而减少，真正能降低风险的是组合的分散程度。以股票型基金为例，如果投资者持有的都是成长型基金，或者全都是大比例投资于消费行业的基金，即使选择的基金数量再多，也达不到降低风险的目的。其次，持有过多的基金会让投资者没有精力全部关注到。大部分投资者的时间精力都有限，组合中基金数量过多，只能说明投资者更多是一种盲目的选择，对于组合来说反而还有可能增加了风险。因此，对于一般投资者来说，如果资金量不是很大，建议持有的基金总数在5只左右，不宜过多。

接下来再介绍一些常见的基金组合形式。

（1）哑铃组合

这种组合是将两种风险收益特征显著不同的基金组合在一起。例如，股票型基金和债券型基金、大盘风格基金和中小盘风格基金、价值型基金和成长型基金等。哑铃式组合的优点是结构简单，便于投资者跟踪管理，组合内不同类型的组合还能形成优势互补。

（2）金字塔组合

在金字塔组合的构建方面，投资者应该同时关注底端、中部和塔尖的资产配置。在金字塔底端，投资者可以用较大比例的资金投资于稳健型的债券型基金、货币型基金或偏债混合型基金；在金字塔中部，投资者可以用中等比例的资金投资一些跟踪市场的指数型基金；在金字塔塔尖，投资者可以用较小比例的资金投资于股票型基金和偏股混合型基金。金字塔组合是最灵活的，各资产类型所投资的比例可以随时调整，但对投资者的投资能力也有一定的要求。

5.1.2 组合运作择时技巧

择时是指投资者需要根据外界因素的变化选择合适的时机对资产的配置比例进行调整。应用到基金组合中，择时就是根据市场的趋势对基金配置比例做适当的调整。例如，股市在牛市时增加股票型基金的比例，债券在牛市时对债券型基金加仓，在熊市时对相应的资产进行减持。这听起来很容易，但操作起来非常困难，因为这要求投资者对后市要有准确的判断。

这里介绍一些能帮助投资者做择时判断的方法。

（1）逆向投资策略

巴菲特说过一句经典的话："别人贪婪时我恐惧，别人恐惧时我贪婪。"即投资者在行情向上、市场狂热时要能够冷静地判断，随着市场的持续走高逆向减仓，锁定收益，落袋为安。这和前文介绍过的一些基金止盈的技巧是一样的道理。同时，在市场不好、大家都很悲观时，投资者也要能够有加仓的勇气。随着市场追涨杀跌是多数人常有的本能反应，如果能逆着人性做投资，从长期来看可以带给投资者不菲的收益。但是，这个策略也是听起来容易，执行起来非常困难。因为在行情上涨时卖出有踏空的风险，在下跌到半山腰时加仓又会被套牢。逆向投资也需要投资者对基金投资的底层资产有深入的认识，能够对该类资产的趋势做判断，而不是简单地一时兴起抄底。比起一般的主动型基金，被动指数型基金更适合做这类择时操作，因为指数的行情判断相对更直观一些。

（2）北上资金

除此之外，近些年还出现了一个很重要的股市择时指标——北上资金。在我国股市中，一般"北"是指沪深两市的股票市场，"南"是指香港股票市场。因此，北上资金就是指从香港股票市场流入内地股市的资金。北上资金又被称为"聪明资金"，因为从历史上看，北上资金经常能在指数相对底部进入，在指数相对顶部逃出，择时能力比较强。同时，北上资金大多是海外机构投资者，它们通常都有庞大的研究团队，资金也非常雄厚，所以在投资上相比普通的散户更专业，有更多的综合优势。从北上资金的情况能够看出海外机构投资者对我国市场的投资情绪是乐观还是悲观。通常如果判断市场情况不乐观，赚钱难度大，那么北上资金会减少流入；如果判断市场热度高，投资机会好，那么北上资金会增加流入。关注北上资金买入与卖出，对于普通投资者判断大盘走势具有一定的参考意义。

总体来说，择时对于投资是最难的技巧之一。对于基金组合而言，如果投资者想要避免择时，也是可以的，基金定投就可以帮助投资者极大限度地减少择时方面的压力。

5.1.3 组合的投后管理和再平衡

构建基金组合只是完成了基金投资的第一步，在此之后，投资者对组合的后续管理和再平衡也是非常重要的。许多投资者在购买基金后只关注基金的净值回报率，而忽略了基金投资组合的变化。随着时间的变化，组合中的各项投资表现肯定是有差异的，有的会好一些，有的会差一些。表现的差异会使组合中各资产的比例发生变化，打破原有的平衡。因此，投资者需要定期调整组合中资产的比例，将其恢复到原先的平衡状态。

除了基金业绩引起的变化以外，还有其他因素会需要投资者再平衡各类资产的比例。

第一，宏观政策上的变化、一些突发的事件等可能会对市场的风向产生较大的改变。这时投资者就要与时俱进地调整自己基金组合的比例，可以视具体情况由进攻转为防守，或由防守转为进攻，随机应变。

第二，投资者改变目标时，也应适当地调整基金组合的比例。一个很常见的情况是随着投资者年龄的缓慢增长，其可以承担的风险也是在缓慢降低的。因此，在不同的年龄段，适合投资者的基金组合比例也是不同的。年轻时可以将大比例的资产投资于如股票型基金这样的风险资产；而到了接近退休的年纪时，绝大部分的资产应配置在低风险品种上，如固定收益类资产，以保值为主要目的。

在正常情况下，调整基金组合不用太过频繁，投资者可以每季度或每半年定期检视，观察自己投资组合中基金的表现。同时，投资者可以将实际的收益率与事先对各类资产期望的收益率对比，对于偏差比较大的基金要进一步调查其原因。然而，在观察基金表现时应注意不要太在意短期的表现，而是要选取至少半年以上业绩才有意义。例如，一个基金连续三、四个季度都排在了同类基金的后三分之一，则可以考虑将其调整出组合。此外，如果所持有产品的基金经理发生了调动，或基金公司出现了一些变动，投资者则要密切注意该产品的近期状况，做好应对的准备。

5.2 基金组合的风险管理

任何投资都会产生风险。在构建基金组合的过程中，严格把控组合的风险是投资者头脑中必须始终绷紧的一根弦。本节将带你进一步了解基金组合风险管理的“门道”。

5.2.1 清楚风险管理对于个人投资者的意义

风险来源于未来不确定的事件可能带来的影响。对于基金投资来说，风险有许多表现形式。简单地分类，基金投资面临的风险主要可以分为市场风险和信用风险。

总体来说，市场风险是指基金投资受到宏观经济、政治等因素对证券价格造成影响的风险。以股票型基金为例，上市公司股价除了受自身业绩、行业景气影响以外，还会受到政府经济政策、国家经济周期等宏观因素的影响，使股价持续地波动。其中，政策风险中的宏观政策，包括货币政策、财政政策、产业政策等都会对金融市场造成影响。经济周期波动风险则是指基金会随着经济总体趋势变化而出现波动的风险。所以，基金会随着经济总体趋势同向变动。例如，在经济低迷的时期，偏股型基金的行情也大概率会处于熊市。

市场风险中值得一提的还有利率风险和汇率风险。利率风险主要是对于债券型基金而言的，因为大部分债券型基金都或多或少投资于利率债。以国债为例，国债的价格会随着利率的变动而波动，当利率上升时，国债价格就会下降。利率变动主要受通货膨胀预期、央行货币政策、国际利率水平等影响。汇率风险则是指因汇率变动而产生的基金单位净值的不确定性。主要受汇率风险影响的基金是QDII基金，由于投资境外市场涉及外汇业务，对汇率反应较敏感。

对于债券型基金来说，除了利率风险以外，最大的风险来自信用风险。信用风险是指贷款借贷方、债券发行人以及回购交易对手方违约的可能性。最常见的违约情况是基金投资的某个债券的发行人不能支付到期本息，债券评级下调引起价格下跌，相关债券流动性丧失，难以变现，从而进一步引起基金单位净值下跌。

对于个人投资者来说，在了解各个不同类型基金的风险的同时，也要对自己的风险承受能力有正确的评估。1952年，马科维茨提出了现代投资组合理论，奠定了投资组合理论的基础。现代投资组合理论用单只证券期望值的加权平均代表组合的期望收益率，用收益率的标准差来度量风险。简单地说，对于基金投资者而言，基金组合的风险主要就取决于组合中各类基金单位净值的波动幅度有多大。波动越大的基金虽然可能获得的收益也越高，但过程中大幅的上下起伏会使投资者的投资体验较差，许多承受能力不高的投资者支撑不到兑现收益时便已经提前退出，因此更适合风险承受能力强的投资者。不同风险承受能力的投资者所适合的基金组合不同，组合中各类基金资产的比例也不同。因此，明确风险的来源和个人的风险承受能力对于基金投资者来说至关重要。

5.2.2 熟悉衡量基金风险的工具

如何用指标量化风险是风险管理的基础。风险指标是对风险的抽象描述，没有一个单一的风险指标能够反映投资组合的全部风险暴露。下面介绍一些最常见的风险指标。

（1）波动率

投资组合的波动率在风险管理中最常见的定义是单位时间内收益率的标准差。单位时间的选取可以根据实际需求，以每日、每周、每月、每年的频率计算皆可。另一个常用的指标是年化波动率。在计算波动率时，通常忽略交易所关闭的日子，仅计算交易日数量。A股市场一年的交易日为245日左右，估算时可按250日计算。大部分购买基金的网站上都可以查到基金在某个时间区间的标准差或波动率这些指标，该指标对于选择股票型基金很有帮助。不同的股票型基金，波动率差异明显。

（2）最大回撤

基金的最大回撤测量的是投资组合在指定区间内从最高点到最低点的回撤，计算结果是在选定区间内任意历史时点往后推，单位净值创下新高后跌到最低点的幅度。最大回撤可以在任何历史区间内测量，用于衡量基金管理人或基金组合对下行风险的控制能力。该指标能清晰直观地展现买入该只基金后可能遇到的最糟糕的情况。对于投资者来说，最大回撤是一个非常值得重视的指标。在行情向上的阶段，投资者很有可能被狂热的情绪带动买入基金追涨。在此之后，基金单位净值将会在行情散去、开始走弱的阶段出现大幅回撤。当浮亏积累到一定程度时，投资者有可能承受不住压力，在较低的位置赎回。即使后续基金反弹回去，长期看获得了不错的收益，但投资者却还是亏损了。因此，如果提前了解了可能的亏损，投资者能做出更好的决策。

此外，该项指标对于债券型基金也是很有意义的。虽然大部分债券型基金回撤较小，但有些基金会小比例地投资于股票、可转债等权益资产，最大回撤可能会在3%以上。而一些纯债基金的最大回撤通常在1%～2%，对于保守型组合和风险承受能力低的投资者也是很有参考意义的。

（3）夏普比率

夏普比率是一个将收益率和波动率相结合的指标，用于衡量基金在风险调整后的收益。投资者追求的是在所能接受的风险下的最大收益。夏普比率的计算方式就是将基金单位净值增长率减去无风险收益率、再除以基金单位净值增长率的标准差。通过夏普比率可以了解到该只基金承担每单位风险所获得的回报，是一种将风险考虑在内的基金业绩评价指标。

5.2.3 学习规避风险的有效策略

要完全规避风险是不可能的。投资者能做的是通过风险管理，尽可能降低不必要的风险，在自己可承受的风险范围内降低回撤幅度，优化投资体验。下面介绍两种可以帮助投资者降低风险的择时策略。

第一，根据波动率，可以运用波动率逆向择时策略来规避风险。

该策略和目前公募养老 FOF 中的目标风险策略有相似之处。所谓目标风险策略，是指根据特定的风险偏好设定权益类资产、非权益类资产的配置比例。此类策略一般都会按照某一特定的波动率进行资产配置，并采用有效的措施控制风险。而波动率逆向策略认为市场的波动率有均值回复的特征，因此可以对风险资产的波动率进行控制，降低组合的最大回撤。具体策略为当大盘指数的波动率处于历史低位时，认为权益市场有较大可能出现向上行情，因此增配权益资产；当市场波动率处于高位时，认为风险过高，有较大概率出现向下行情，此时应当减配权益基金以规避可能的风险。

第二，运用北上资金规避风险。

观测近些年的北上资金数据可以发现，当北上资金出现单日的大幅流出或持续一段时间的净流出后，股市在后市大概率会出现一段回撤。把北上资金的出逃作为一个风险的先行预警指标，提前降低组合中权益基金的比例，可以很好地控制基金组合的回撤。

当然，在市场已经开始下行时，本书前文介绍过的一些止损策略也是适用的。投资者可以根据自己的实际需求设置两个级别的警戒线。当某基金单位净值回撤超过一级警戒线时将逐步减仓，而当基金单位净值回撤超过二级警戒线时必须强行止损。

5.2.4 组合回撤控制实例

下面以上文提到的北上资金信号做一个组合回撤控制的实例。

通过观察从 2017 年开始到 2021 年每日的北上资金净成交流向和后市的沪深 300 大盘数据，我们可以发现北上资金在“逃顶”方面能力优秀，经常能在市场回撤前将资金撤出。从具体数值上看，如果以单日北上资金净流出 60 亿～ 100 亿元作为一个风险警示信号，发生此事件后的沪深 300 指数之后 5 日平均期望跌幅为 2.16%，且下跌概率高达 70%。

从具体日期来看，2020 年 3 月 11 日，北上资金净流出 74 亿元，而在之后短短一周内沪深 300 指数就回撤了 13%，期间高权益仓位的公募基金平均回撤了 12%。如果在出现信号的当天及时减仓，就可以规避相当一部分的下跌。假设原组合投资于权益资产的比例为 60%，然后在信号出现当天将权益资产减仓至 30%，则一周后的回撤会从原先的 8% 左右降至 4% 左右。换言之，依靠有效控制回撤，相比同类权益基金产品的表现，投资者跑出了 4% 的超额收益。无独有偶，2021 年 3 月 2 日，北上资金净卖出了 68 亿元，之后大盘也在短时间内回撤了 7%。但需要注意的是，北上资金卖出信号不是 100% 能成功的，这只是一个历史上看胜率高、也易于观测的回撤控制方法。2020 年 7 月 16 日，北上资金卖出 69 亿元，但后续大盘却开始了一段小幅震荡上涨，5 日内涨了 4%。因此，不建议投资者将此策略作为唯一的回撤控制方法，而是应该结合宏观政策、近期的消息面、市场的波动情况等多方面因素综合考虑。

第 6 章 懒人理财小妙招，基金定投正合适

基金定投常被称为“懒人理财术”，原因在于其具备免于择时、自动扣款、省心省力等优势。本章将会详尽地介绍定投赚钱的秘密。

6.1 基金定投赚钱的秘密

“求鱼不如求渔”，好的定投成绩往往建立在对定投知识的系统学习之上，本节将从定投的基本假设、优势、标的选择、定投周期及收益测算等方面梳理定投理论知识。

6.1.1 定投的基本假设

基金定投通过长期复利效应来获得长期收益。为了获利最大，除了坚持定投以外，投资者还需要在达到预期收益后及时赎回基金，锁定收益，落袋为安。否则，如果获得利益后没有及时赎回，市场可能会将浮利收回。

关于基金定投，有一个著名的微笑曲线。微笑曲线是指投资者在基金下跌过程中长期坚持定投，使基金份额得到积累，成本也不断摊薄，在最后的反转上升过程中获得较高的收益，如图 6-1 所示。

微笑曲线由两个阶段构成，第一阶段是指在基金下跌过程中持续不间断地进行定投，即加仓；第二阶段是等待基金单位净值下跌后又重新涨回来，获利退出，即止盈。连续地看，基金定投的过程也可分成开始定投、持续扣款、等待反转、持续扣款、收获微笑（定投获利）等阶段。

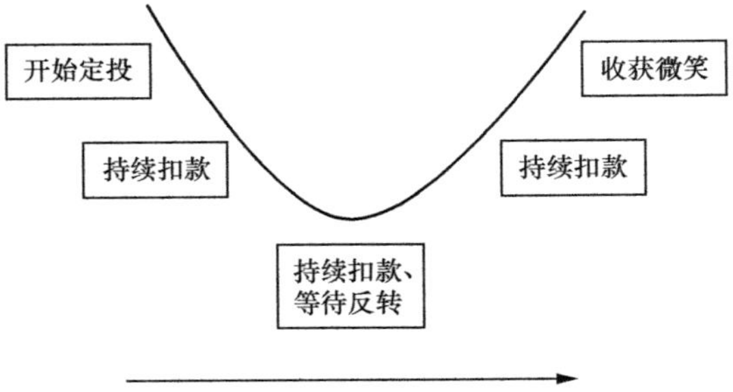

图 6-1　微笑曲线

在震荡或下跌的行情中，如果投资者能够坚持定投，则相当于在市场中捡到“便宜货”，可以有效地摊薄成本。等到市场行情好转后，基金单位净值上升，投资者也将转亏为盈。

所以，在进行基金定投时，投资者只要等到微笑曲线的最低点，并且穿过这个最低点，就有机会收获之后的正收益。在这个过程中，投资者需要稳住不慌，看到亏损后不可马上赎回，而应坚持定投，这样成本就会被摊薄。等到后期基金单位净值上涨以后，就可达到用较低成本获得较高基金收益的效果。

对于股票型基金来说，由于股票价格经常会上下波动，所以无论投资者何时买入基金，都可能面临亏损。定投操作则可以减少因股票价格波动导致的亏损。这是因为在定投过程中，本金逐渐增加，持有基金的平均成本得到平摊，投资者可以用较低的成本建立持仓。一旦股票价格上涨，投资者就可以快速获利。由此可以看出，微笑曲线的原理是伴随着不断摊薄成本，投资者的亏损逐渐减小，最终扭亏为盈。

那么，如何选择微笑曲线的盈亏平衡点呢？

微笑曲线扭亏为盈的平衡点取决于投资者底部加仓的次数及金额。投资者购买的金额越大，在下跌的底部定投的次数越多，盈亏平衡点就会越低。

根据微笑曲线，投资者在进行基金定投时需要遵循以下原则。

第一，要持之以恒。

投资者看到市场下跌以后不能着急赎回，需要等待时机，等到基金单位净值穿过低谷并回升以后再进行赎回。在整个投资过程中，投资者需要进行长期的、不间断的基金定投，这样才能达到基金定投的效果，收获最终的收益。如果在基金下跌时赎回，非但无法画出一条令人满意的净值微笑曲线，最终还可能要面临投资失败。

第二，要保持定期定额的投入。

不管市场是上升还是下降，投资者都不该被主观情绪影响，而是在每个时期都投入金额相近的资金，这样才能让基金定投这种方法充分发挥作用。另外，不要简单地将这里的定额理解为投资金额在不同行情时完全一样，而是当基金单位净值下降时适当灵活增加扣款金额和次数，当基金单位净值上升时适当减少扣款金额和次数，这样就能充分捕捉到市场变动带来的红利。

第三，坚持投资纪律，保持平和心态。

投资过程中难免产生基金连续亏损的情况，投资者不需要过度悲观。同样，投资过程中也会出现基金单位净值持续上涨的情况，投资者也不应过于乐观而盲目加大投资金额，冲动行为是不可取的。不论市场如何变化，投资者都要坚持投资逻辑，相信对基金进行长期定投一定会取得最终的收益。

那么，什么类型的基金适合定投呢？基金定投应选择主动型基金还是指数型基金呢？

对于普通投资者来说，选择宽基指数型基金做定投通常是一个更优的选择。因为这类基金不会受到基金经理变更的影响，并且由于基金定投的长期性，投资者可以根据宽基指数估值及波动变化进行判断。

另外，定投在达到微笑曲线拐点之前所经历的时间可能较长，投资者可以根据各个指数在某一阶段的估值水平进行选择。

基金定投的收益和定投的赎回时间或者说止盈点有密切联系。止盈点的选择成了投资者较关心的问题。

定投止盈主要需要考虑两个因素。第一个因素是投资者应考虑投资于基金定投的资产占总权益类投资的比例，权衡定投资金在个人总资产中的比重。第二个因素是投资者应考虑定投的指数型基金本身的估值和合理估值之间的大小关系，并在估值开始偏高时考虑是否需要分批赎回。

在基金定投的中后期，及时止盈是一个关键操作。如果目前基金的累计收益已经达到了目标收益，投资者就应该及时赎回资金，完成本轮投资，收获理想的收益。另外，如果当前市场正值牛市，那么赎回资金可以分批进行。一旦市场变为熊市，投资者就应及时快速地赎回全部资金，保全定投的收益，切莫贪多，更不必为没有在最高点赎回而懊悔。

基金定投是适合大多数投资者的投资方式。利用微笑曲线的原理，找准基金定投的时间节点，掌握及时止盈的方法，遵守定投的投资逻辑和投资纪律，放平心态，投资者便有很大可能获得正收益。

6.1.2 定投的三大优势

基金定投是指在固定的时间以固定的金额投资选定的基金，即定期定额投资固定的基金，其具有以下三大优势。

（1）避免择时烦恼

基金定投采取分批买入法，克服了需要进行主动择时的缺陷，即不需要投资者挑选买入的时间。只要长期来看基金单位净值是增长的，那么投资者就可以获得正收益。

（2）可以做到长期摊薄投资成本

普通投资者在购买基金时往往难以摆脱追涨杀跌的习惯，但在基金定投模式下，不论市场如何波动，定投计划都会按时自动扣款，固定金额的资金会被投入基金中去。当基金单位净值较低时，定投可以买到更多的基金份额；反之，当基金单位净值较高时，定投买到的基金份额会相应减少。这样长期坚持下来，定投就会达到摊薄成本的效果，使投资者在市场行情反转时能够享受到更好的长期回报。

（3）省时、省力、省心

基金定投还有便捷、快速的优点，办理手续十分简单。投资者可在网上选择定投产品、设置定投期限和金额等。基金定投省时省力，投资者无须每次手动买入，银行、第三方基金代销机构等会自动从账户中扣取设定金额的资金。正是由于其简单便捷、省心省力、免于择时等特点，基金定投又被称为“懒人理财术”。

6.1.3 定投标的选择

基金定投以时间换空间，在投资时不需要考虑太多价值因素，核心逻辑为股市必将随着宏观经济的发展而上升，只要依靠我国经济飞速发展的基本面，优质股票的价格必然上升。

对于适合定投的基金，首先需要排除货币市场基金、全债基金。因为这类基金波动较小，选择基金定投，与在当下一次性买入相差不大。此外，对于混合型基金和股票型基金，投资者在进行基金定投时应选择满足以下条件的基金。

（1）选择中长期前景好、稳定的基金

① 中长期行业景气度高

如果基金定投所选基金对应的行业中长期景气度表现较差，导致长期净值走势下跌，那么基金定投将失去意义和价值。一方面，投资者可以结合目前的市场形势，考虑已经形成向上趋势的行业；另一方面，投资者也可以通过不同的景气指数对行业进行分析，判断行业未来的景气度。常用景气指数包括企业景气指数、行业景气指数、订货景气指数、投资景气指数、用工景气指数等，如图 6–2 和图 6–3 所示。

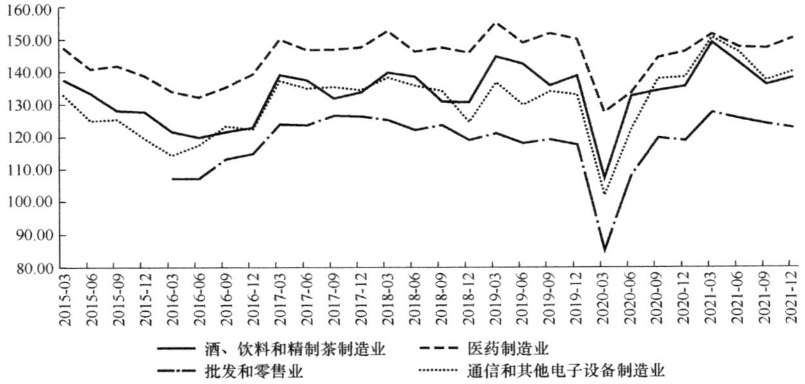

数据来源：国家统计局；截至时间：2021 年 12 月 31 日。

图 6–2　企业景气指数

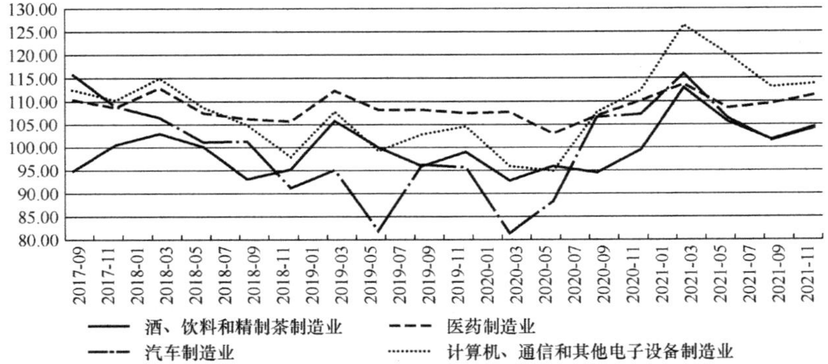

数据来源：国家统计局；截至时间：2021 年 12 月 31 日。

图 6–3　用工景气指数

② 选择经验丰富的基金经理

基金业绩稳定的重要因素之一是基金经理能够长期管理该基金。经验丰富、历史业绩优异的基金经理更值得信赖，即使在熊市中，他们仍然能控制风险。

（2）选择后端收费、直销等交易方式，降低费用

① 采用后端收费方式的基金，其长期持有成本更低

在开放式基金购买过程中，基金申购费的收取方式有两种，即前端收费和后端收费。前端收费要求投资者在购买基金时就立即支付申购费，这部分费用从投资者的投资金额中扣除。对于后端收费，投资者在购买时无须支付申购费用，而是在赎回时支付一笔申购费，该申购费率通常随着持有基金的时间的增长而递减。因此，对于时间跨度通常为1～5年的基金定投来说，购买后端收费模式的基金，日积月累可有效降低交易成本。

② 选择基金公司直销平台购买基金

虽然部分第三方基金代销平台的申购费率已低至1折，但直接在基金公司官网购买，部分基金甚至可以免申购费。从全部基金的销售数据看，直销的方式也更受市场欢迎。据中国证券投资基金业协会统计，2019年基金公司直销基金量市场占有率为57.29%，如图6-4所示。

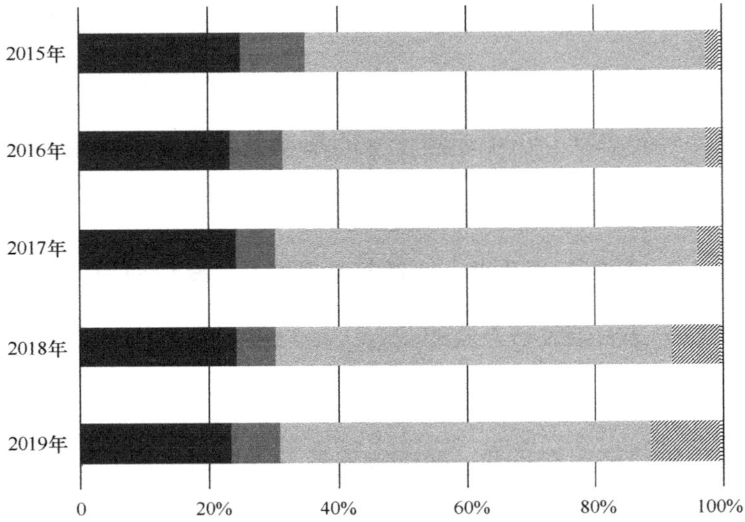

图 6–4　直销基金量市场占有率

（3）选择符合风险偏好的基金

坚持长期定投，投资者需确保所选基金符合自身的风险偏好。虽然基金定投可以摊薄投资成本，但在实际操作中，投资者在亏损达到自身止损线时选择赎回、放弃基金定投也是合理的。据 Wind 统计，截至 2021 年 12 月 31 日，15 种二级分类基金近 3 年的最大回撤平均值为 8.70%，其中常见的普通股票型基金指数的 3 年最大回撤为 16.32%，股票指数型基金指数的 3 年最大回撤为 14.69%，如表 6–1 所示。投资者可以参考各类风险指标，选择符合自身风险偏好的基金类型，确保可以进行长期定投。

表 6–1 各类基金最大回撤平均值

单位：%

证券简称	截止日1年前	截止日3年前
灵活配置型基金指数	–11.17	–11.17
中国基金总指数	–6.94	–7.21
股票型基金总指数	–12.43	–14.74
混合型基金总指数	–11.71	–11.71
普通股票型基金指数	–16.32	–16.32
偏股混合型基金指数	–16.39	–16.39
平衡混合型基金指数	–5.67	–6.62
偏债混合型基金指数	–2.99	–3.71
股票指数型基金指数	–11.13	–14.69
债券型基金指数	–0.67	–1.29
混合债券型一级基金指数	–1.78	–1.78
混合债券型二级基金指数	–3.21	–3.69
中长期纯债基金指数	–0.28	–1.75
货币市场基金指数	0.00	0.00
QDII基金指数	–9.69	–19.45
平均值	–7.36	–8.70

数据来源：Wind；截至时间：2021 年 12 月 31 日。

（4）预期收益相似的基金中选择波动大的类型

基金定投可以模拟通过多次入场来摊薄不同时点入场的投资成本，帮助投资者以平均成本获取波动带来的高收益。基金的市场回报与基金的风险有一定关系，风险越大，收益一般越高。如果以基金单位净值的波动衡量基金的风险，显然单位净值波动较大的基金，风险更高，相对应的也会有更高的预期回报。以图 6–5 为例，股票基金 1、2、3 均适合定投；三者区间收益率相同，但股票基金 3 的波动率更大，在定投过程中，有更大的概率以更低的成本申购，从而获得比其他两只基金更高的定投收益率。

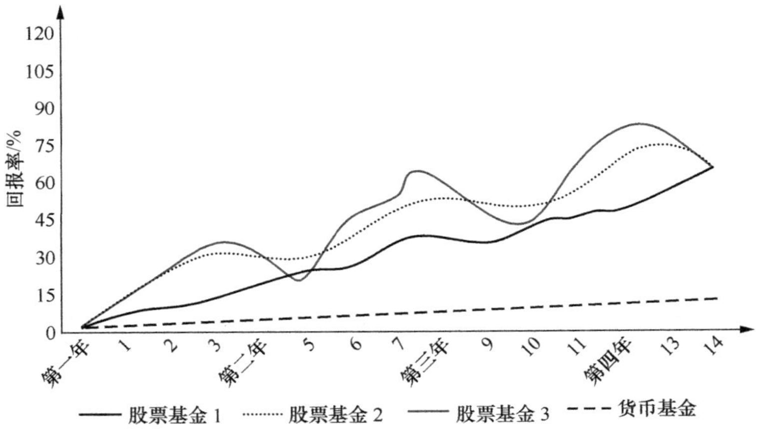

图 6–5　相似收益率选波动大的基金

6.1.4　定投周期比较

定投前，投资者通常会考虑定投周期的问题。那么，按周定投和按月定投，哪种频率的定投效果会更好？一般来说，如果定投开始得早，而且持续的时间比较长，那么定投频率对结果的影响差别不大。投资者可以根据自己的实际现金流情况，选择合适的定投频率。

为了对比不同定投周期的投资收益率，这里以浦银安盛沪深 300 指数增强（519116）为例，回测区间为 2010 年 12 月 21 日到 2021 年 5 月 7 日。为了说明问题，采用周定投、双周定投和月定投的方式，对比不同频率定投的收益率是否会有差异。

此处采用“（期末金额 – 投入金额）/ 投入金额”的简单方式计算收益率，具体结果如表 6–2 所示。

表 6–2　不同定投周期的比较

定投方式	投入金额	期末金额	收益率
周定投	505元	1 090.686元	115.98%
双周定投	506元	1 092.459元	115.90%
月定投	508元	1 095.012元	115.55%

从表 6–2 的结果可以看出，周定投、双周定投和月定投的收益率差异并不明显。因此，如果定投开始得早，而且时间比较长，定投频率对结果的影响差别不大。

但有一点需要格外注意：如果整个投资周期很短，那么不同定投周期之间的差距可能会很大。因为短期定投快进快出的方式受市场的波动影响较大，容易追涨杀跌，如果恰好遇到市场大涨或大跌，将导致收益产生很大的差别。实际上，定投的优点本就是帮助投资者解决择时困难的问题，定投时间必须足够长才能够达到这个效果。如果定投时间太短，相当于进行了人为的择时，有违定投的初衷。

6.1.5 定投收益测算

定投收益率的计算通常有两种方法：累计收益法与内部收益法。两种计算方法有着显著的区别。为了更好地进行对比，先简单介绍累计收益法。

累计收益法仅考虑投资的本金和期末金额。在任一个单笔投资项目中，收益率的计算公式如下。

收益率=收益/本金=（期末金额−本金）/本金　　①

以浦银安盛沪深 300 指数增强（519116）为例，如图 6-6 所示。假设投资者在 2010 年 12 月 21 日投资 1 元钱，那么截至 2021 年 12 月 31 日，收益率为（2.387−1）/1=138.7%。

如果按照上述逻辑，假设投资者每期定投 1 元，每年 12 月 31 日定投一次，将所有投入资金的总和作为本金，那么从 2010 年 12 月到 2019 年 12 月共投入 10 元，到 2020 年 12 月末赎回。截至 2020 年 12 月 31 日期末总资产为 22.76 元。按照公式①，可以算出定投总收益率为 127.61%、年化收益率为 12.76%。具体每期到期金额如表 6–3 所示。

数据来源：Wind；截至时间：2021 年 12 月 31 日。

图 6–6　2011 年以来浦银安盛沪深 300 指数增强的净值走势

表 6–3　累计收益法计算基金定投收益率

日期	基金单位净值/元	每次投入/元	累计投入/元	增加购买份额/份	累计购买份额/份
2010–12–31	1.00	1	1	1.00	1.00
2011–12–30	0.75	1	2	1.34	2.34
2012–12–31	0.81	1	3	1.23	3.57
2013–12–31	0.75	1	4	1.33	4.90
2014–12–31	1.11	1	5	0.90	5.80
2015–12–31	1.24	1	6	0.81	6.61
2016–12–30	1.18	1	7	0.85	7.45
2017–12–29	1.49	1	8	0.67	8.12

续表

日期	基金单位净值/元	每次投入/元	累计投入/元	增加购买份额/份	累计购买份额/份
2018-12-28	1.20	1	9	0.83	8.96
2019-12-31	1.73	1	10	0.58	9.54
2020-12-31	2.39	—	—	—	—
期末累计份额/份	9.54	期末单位净值/元	2.39	期末总资产/元	22.76
定投收益率	127.61%	年化收益率	12.76%	累计投入本金/元	10

上述方法虽然简单，但存在缺点。第一，没有考虑定投时间因素；第二，没有考虑定投周期。所以，为了科学计算定投收益率，需要引入一个概念：内部收益率（Internal Rate of Return，IRR）。IRR 是资金流入现值总额与资金流出现值总额相等、净现值等于零时的折现率。由于考虑了时间因素，IRR 也可以理解为特殊的加权平均回报率。如表 6-4 所示，输入以下金额后，可以使用 Excel 函数计算 IRR。

表 6-4　内部收益法计算基金定投收益率

年份	投入金额/元
2010	1
2011	1
2012	1

续表

年份	投入金额/元
2013	1
2014	1
2015	1
2016	1
2017	1
2018	1
2019	1
到期总金额	22.76
IRR	14.56%

6.2 智能定投：传统定投的升级

6.2.1 传统定投策略的智能进阶

相对于每段时间买入相等金额的普通定投，智能定投的投资方式更灵活。根据基金单位净值的走势，智能定投会调整用户每段时间投入资金的金额。现在市场上大多数智能定投的基本逻辑为在低点加大定投金额可以更好地发挥定投摊薄成本的作用，待市场回暖后可以提升定投的盈利。

假如投资者对某基金每月定投 1 000 元，开始的 3 个月遭遇市场下跌，基金单位净值由 2.5 元跌至 1 元。

表 6–5　普通定投方式

期	基金单位净值/元	每月投入/元	获得份额/份
第一期	2.5	1 000	400
第二期	2	1 000	500
第三期	1	1 000	1 000
合计		3 000	1 900

如表 6–5 所示，如果投资者采用普通定投，则单位份额成本为 3 000/1 900=1.58 元。后来，市场反弹，基金单位净值回到 2 元，可以得出普通定投的收益率为 1 900×2/3 000−1=26.67%。如果投资者采用智能定投，在低点加大定投金额，在高点减少定投金额，那么，等到市场反弹，基金单位净值返回 2 元，智能定投的收益率为 2 200×2/3 000−1=46.67%，如表 6–6 所示。从上述例子中不难看出，智能定投采用的在低点增加投入金额、在高点减少投入金额的策略，确实能使投资者更好地摊薄成本，获得更高的收益。

表 6–6　智能定投方式

期	基金单位净值/元	每月投入/元	获得份额/份
第一期	2.5	500	200
第二期	2	1 000	500
第三期	1	1 500	1 500
合计		3 000	2 200

智能定投策略的核心在于如何确定基金单位净值的低点，而基金单位净值的低点可以由许多趋势性策略来判定。现在市场上提供的智能定投服务主要采用以下 5 种策略。

（1）均线法：通过指数均线判断市场位于高点还是低点。

均线法一般要求投资者设置一个基准作为扣款金额，如果市场处于低点，智能定投便会在基准金额的基础上上浮一定比例进行扣款；如果市场处于高点，则在基准金额的基础上下降一定比例进行扣款。

（2）移动平均成本法：通过定投基金的最新单位净值和已买入该基金的平均成本来判定低点和高点。如果基金单位净值小于单位平均成本并超过一定的幅度，就判为低点；反之则为高点。

（3）定投盈亏法：当定投账户亏损达到一定幅度时判定为低点。

（4）市盈率法：如果指数的当前市盈率处于历史低位，则判定指数处于低估值区域，说明市场正处于低点；反之判定为高点。

（5）趋势法：与以上 4 种策略不同，趋势法要求投资者买入中高风险基金与低风险的避险基金各一只，如果判断市场走强则定投高风险基金，弱市时存量份额转入并定投低风险基金，待到强市时再转回。

6.2.2 智能定投实例

本节采取市场上较流行的双均线策略判断指数走向，其基本思路如下：计算标的的 40 日均线和 60 日均线，如果 40 日均线自下而上穿过 60 日均线，则对标的看多；如果 40 日均线自上而下穿过 60 日均线，则对标的看空。

为了更好地说明智能定投相对于普通定投的优势，本节以浦银安盛沪深 300 指数增强（519116）为例，选取最近的一次牛熊转换周期，分别制定以双均线策略为基础的普通定投方案与智能定投方案。

在普通定投方案下，假定投资者每月定期投入 10 000 元；在智能定投方案下，假定投资者在市场上行的趋势下（40 日均线从下而上穿越 60 日均线）每月投入 6 000 元，在市场下行的趋势下（40 日均线从上而下穿越 60 日均线）每月投入 14 000 元，其他情况每月投入 10 000 元。计算从 2015 年 1 月至 2021 年 4 月投资者月度的投入资金与回报，并对两种定投方案分别绘制净值变化曲线，如图 6–7 所示。

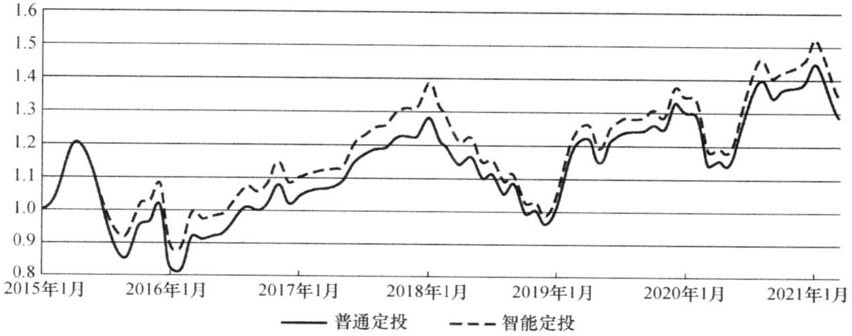

数据来源：Wind；截至时间：2021 年 4 月 30 日。

图 6-7　普通定投与智能定投方案的净值变化曲线

从图 6-7 可以看出，智能定投能带给投资者更丰厚的回报。接下来分别分析投资者从 2015 年 1 月到 2021 年 4 月整个投资时段的累计收益。从表 6-7 中可以看出，智能定投的投入资金低于普通定投，却换取了相对普通定投超额的回报，说明智能定投的投资方式相比普通定投更加灵活，低点多买、高点少买的投资方式使定投更能发挥摊薄成本的效果，只要市场长期存在上行的趋势，便能获得更高的回报。

表 6-7　普通定投与智能定投回报对比

定投方案	累计投资金额	累计持有收益
普通定投	760 000元	28.80%
智能定投	616 000元	34.43%

数据来源：Wind；截至时间：2021 年 4 月 30 日。

6.3 大道至简，指数定投

指数基金的费率相对较低，投资组合相对透明，并且产品形式也比较简单。因此，选取指数基金作为长期定投的对象往往非常合适。本节将带你一起走进指数基金的定投实战。

6.3.1 指数体系分类

1993 年，巴菲特在致股东的信中说："通过定期投资指数基金，一个什么都不懂的业余投资者往往能够战胜大部分投资专家。"此后的很多年里，巴菲特曾 9 次公开推荐指数基金。不但如此，他更是在 2007 年立下赌注为 100 万美元的 10 年豪赌：从 2008 年到 2017 年的 10 年间，标普 500 指数的回报表现会打败对冲基金投资组合的回报表现（去除各类成本费用后的净回报）。这场赌局以巴菲特的大获全胜告终。如表 6-8 所示，这 10 年里，标普 500 指数平均年化收益率达到 8.5%，累计上涨了 125.8%；而 5 只基金中表现最好的基金平均年化收益率为 6.5%，累计只上涨了 87.7%；表现最差的平均年化收益率仅为 0.3%，累计仅上涨了 2.8%。

表 6-8 标普 500 指数与 5 只对冲基金 2008 — 2017 年收益表现对比

年份	对冲基金A	对冲基金B	对冲基金C	对冲基金D	对冲基金E	标普500指数
2008	-16.5%	-22.3%	-21.3%	29.3%	-30.1%	-37.0%
2009	11.3%	14.5%	21.4%	16.5%	16.8%	26.5%
2010	5.9%	6.8%	13.3%	4.9%	11.9%	15.1%
2011	-6.3%	-1.3%	5.9%	-6.3%	-2.8%	2.1%
2012	3.4%	9.6%	5.7%	6.2%	9.1%	16.0%
2013	10.5%	15.2%	8.8%	14.2%	14.4%	32.3%
2014	4.7%	4.0%	18.9%	0.7%	-2.1%	13.6%
2015	1.6%	2.5%	5.4%	1.4%	-5.0%	1.4%
2016	-3.2%	1.9%	-1.7%	2.5%	4.4%	11.9%
2017	12.2%	10.6%	15.6%	—	18.0%	21.8%
最终收益	21.7%	42.3%	87.7%	2.8%	27.0%	125.8%
平均年化收益率	2.0%	3.6%	6.5%	0.3%	2.4%	8.5%

那么，让巴菲特另眼相看的指数基金究竟是什么呢？跑赢了众多主动基金经理的心血的指数基金背后的投资逻辑是什么呢？下面就来揭开它的神秘面纱。

（1）指数基金的历史

指数基金是以特定指数（如沪深 300 指数、标普 500 指数等）为标的指数，并以该指数的成份证券为投资对象，通过购买该指数的全部或部分成份证券构建投资组合，以追踪标的指数表现的基金产品[1]。指数基金的投资目标通常是通过紧密追踪标的指数，从而获得和标的指数接近的收益。

1971 年，萨姆索纳养老基金要求美国威弗银行设计一款产品，使其能够投资纽约证券交易所的所有股票。银行为其设计了一个市值等权重的指数组合，这个小小的创新从此为人类投资开创了一条新思路。1976 年，美国先锋基金管理公司推出领航 500 指数共同基金追踪标普 500 指数，这也是世界上第一只真正意义上的指数基金。

由于 20 世纪 70 年代的美国处于高通胀阶段，股市和债市萎靡不振，货币基金产品规模庞大，一开始，指数基金并没有受到重视，质疑和反对远多于拥护和支持。直到 20 世纪 80 年代，随着个人退休账户体系的发展，一些资金开始逐渐流向股票市场，指数基金也逐渐吸引了一部分投资者的注意。

进入 1990 年之后，指数基金在发达资本市场进入高速发展期。1994—1996 年，以标普 500 指数为跟踪目标的指数基金的收益增长率高于市场上 91% 的股票基金。指数基金开始赢得投资者的青睐和基金业的广泛关注。美国机构投资者持有的指数

1　指数基金定义引自深圳证券交易所的《投资者入市手册（基金篇）》。

基金资产规模在这期间飞速发展，从1980年的100亿美元增长至1996年的10 000亿美元，个人投资者持有的指数基金资产也增加到580亿美元。截至2020年底，美国ETF市场产品数量共2 235只，总规模近5.3万亿美元，同比增长23.06%，如图6–8所示。

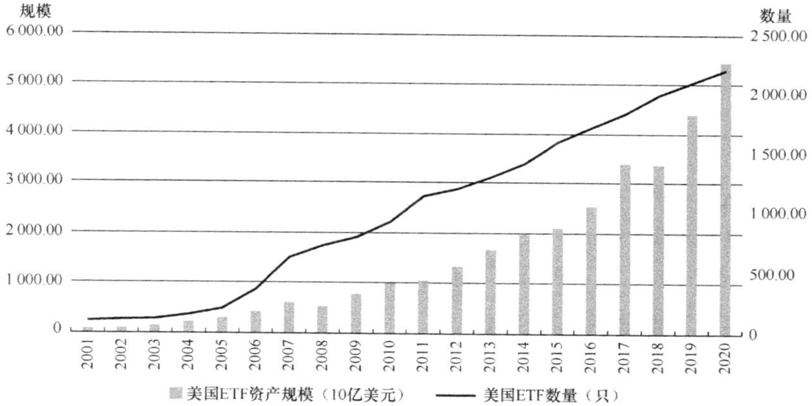

数据来源：美国投资公司协会（ICI）；截至时间：2020年12月31日。

图6–8　美国ETF的数量和规模

我国指数基金的发展起步于1999年。1999年，基金普丰、基金兴和、基金景福三只指数基金正式上线，资产规模均为30亿元。严格地讲，它们算是被动指数型基金中的增强型指数基金。近年来，指数型基金在我国证券市场取得了快速的发展。以其中的ETF产品为例，截至2021年12月，我国ETF基金数量为635只，资产规模达1.42万亿元，如图6–9所示。

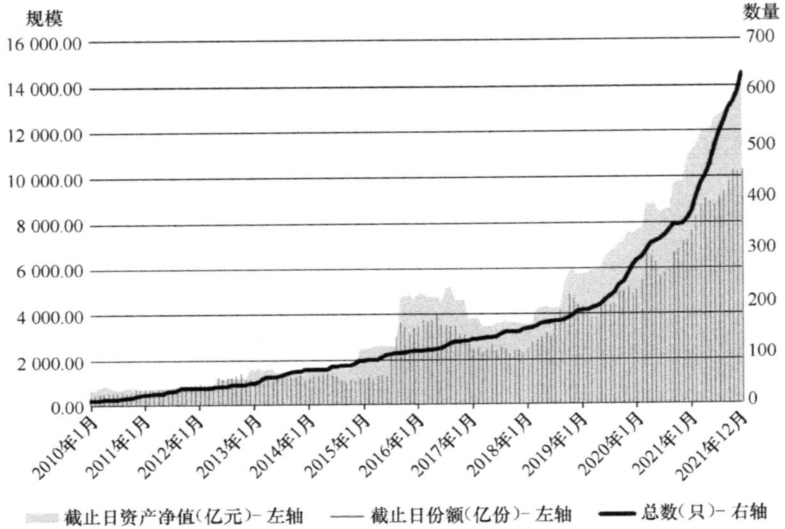

数据来源：Wind；截至时间：2021 年 12 月 31 日。

图 6–9　我国 ETF 的数量和规模

（2）指数基金的优势

除了股神巴菲特以外，其他经济金融领域的名人专家也对指数基金称许有加。被誉为“指数基金教父”的约翰·伯格认为，战胜市场的最简单同时也是最有效的方法就是指数化投资法；主动型基金的泰斗彼得·波奇认为自己的基金是少数中的少数，对于大多投资者来说，更好的选择就是指数型基金；美国个人理财权威——苏茜·欧曼在众多理财工具中尤为喜欢推荐指数型基金，因为它的管理费低，又可以达到分散风险的目的，投资者不必烦恼股市布局即可轻松完成资产配置；美国普林斯顿大学教授基尔在《漫步华尔街》一书中提到：“指数型基金是明智而有用的方法，你绝对不必花精神，付出的费用又最低，却可以得到和大盘相等的报酬率。”

上述观点中提到了指数基金最主要的两个优势：第一是成本低，第二是分散风险。除此以外，指数基金还具有透明度高、受人为影响小等优势。

① 成本低

由于指数基金是指数化投资，即按构成股价指数的相同的权重比例投资于各个成份股上。从投资策略上看，大多数指数基金组合的构建主要是复制指数。相比主动管理型基金，基金管理人在研究和选择股票、债券等投资产品及权衡买入与卖出的时机方面省去了很多时间和精力，并且也节省了很多研究费用。加上指数基金的规模很大，这笔费用又可因规模效益而进一步减少。同时，由于指数基金只有在跟踪指数的成份股发生调整时才进行相应的调整，一般不会对投资组合进行频繁的调整，因此交易费用低于其他主动管理型的基金。

② 分散风险

指数基金能够分散风险，一方面是因为指数基金进行广泛地分散投资，其整体表现不会受到任何单一股票的剧烈波动的影响；另一方面，指数基金的风险在一定程度上是可以预测的，这是因为基金所追踪的指数一般有较长的历史，投资者可以对指数的历史表现进行复盘追踪。

③ 透明度高

投资者判断指数基金单位净值的变动情况，只需关注指数基金所跟踪的目标指数的涨跌。对于把握不住个股、不擅长判断大势的投资者来说，指数基金特别适合用来投资，因为其可以很好地避免“赚了指数不赚钱”的烦恼。

④ 受人为影响小

指数基金的投资管理过程不是频繁地进行主动投资，而主要是对相应的目标指数进行被动跟踪的过程。这样可以通过较客观的程序化的交易减少主观人为因素的影响。

从前文的介绍中，我们知道指数基金均为跟踪复制某一标的指数的表现，因此选择合适的指数至关重要。下面重点介绍当前市场的几类重要指数。

（1）按照包含的行业范围分类

指数按照成份股包含的行业范围的不同可以分为宽基指数、行业或主题指数，如表 6-9 所示。

表 6–9 部分宽基指数和行业或主题指数简介

按照包含的行业分类	名称	简要介绍
宽基指数	沪深300指数	沪深300指数由上海和深圳证券市场中市值大、流动性好的300只股票组成，综合反映我国A股市场上市股票价格的整体表现
	上证180指数	上证180指数由沪市A股中规模大、流动性好的180只股票组成，反映上海证券市场一批蓝筹公司的股票价格表现
	标普500指数	标普500指数以500家公司为样本，其中400只工业股、40只公用事业股、20只运输股和40只金融股。选择成份股不完全取决于市值，产业中的代表性和产业变动反映的敏锐程度同样重要。此外，成份股的净资产回报率是指数最重视的硬指标
行业或主题指数	中证医药指数	中证医药指数由中证800指数样本股中的医药卫生行业股票组成，以反映该行业公司股票的整体表现
	上证新兴产业指数	上证新兴产业指数由沪市中规模大、流动性好的50家新兴产业公司组成，以综合反映沪市新兴产业公司的整体表现
	标普500信息技术指数	标普500信息技术指数由标准普尔500境内被列为GICS信息技术部门行业的公司组成

宽基指数是根据市值及流动性等指标筛选出股票，从而编制的指数，包含 10 只以上的成份股，并且不限制成份股所在的行业，如沪深 300 指数、上证 180 指数、标普 500 指数。

行业或主题指数又称为窄基指数，是指根据行业、主题属性及其他指标筛选股票，从而编制的指数，包含 10 只以上的成份股，同时限定成份股必须是某一类行业或主题，如中证医药指数、上证新兴行业指数、标普 500 信息技术指数。

（2）按照选股规则和加权规则分类

指数按照不同的选股规则和加权规则可以分为市值加权型指数和策略加权型指数，如表 6-10 所示。

表 6-10　部分市值加权型指数和策略加权型指数简介

按照选股规则和加权规则分类	名称	简要介绍
市值加权型指数	上证50指数	上证50指数以上证180指数样本股为样本空间，挑选上海证券市场规模大、流动性好的最具代表性的50只股票组成样本股，按照市值加权
	创业板指数	创业板指数以深证综合指数样本股为样本空间，挑选深圳证券市场规模大、流动性好的最具代表性的100只股票组成样本股，按照市值加权
	恒生指数	恒生指数以香港交易所主板上市的股票为样本空间，挑选市场规模大、流动性好的最具代表性的55只股票组成样本股，按照市值加权
策略加权型指数	中证红利指数	中证红利指数以沪深A股中现金股息率高、分红比较稳定、具有一定规模及流动性的100只股票为成份股，采用股息率作为权重分配依据
	沪深300价值指数	沪深300价值指数以沪深300指数样本股中价值因子评分最高的100只股票为成份股，采用价值因子数值作为权重分配依据
	道琼斯美国精选红利指数	道琼斯美国精选红利指数以道琼斯美国全市场指数的成份股为样本空间，选取每5年的股息增长率不为负数且5年中平均收益分配率不高于60%、3个月的平均日交易量不低于20万股的100只股票为成份股，采用年分红作为权重分配依据

市值加权型指数是按照市值大小进行选股和加权，市值越大，占比越高，如上证 50 指数、创业板指数、恒生指数。

策略加权型指数是按照不同策略的大小进行选股和加权，策略对应的指标越大，占比越高，如中证红利指数、沪深 300 价值指数、道琼斯美国精选红利指数。

（3）按照跟踪资产的类别分类

指数按照跟踪资产的类别可以分为股票指数、债券指数、大宗商品指数及外汇指数，如表 6-11 所示。

表 6-11　部分股票指数、债券指数、大宗商品指数及外汇指数简介

按照跟踪资产的类别分类	名称	简要介绍
股票指数	中证500指数	中证500指数由全部A股中剔除沪深300指数成份股及总市值排名前300名的股票后，总市值排名靠前的500只股票组成，综合反映我国A股市场中一批中小市值公司的股票价格表现
	道琼斯工业平均指数	道琼斯工业平均指数是以价格平均数计算美国30家蓝筹公司的股价平均指数，该指数涵盖了除运输业和公用事业以外的各个行业
债券指数	中信标普国债指数	中信标普国债指数以上海证券交易所上市交易的国债为样本空间，选择剩余期限至少1年、余额至少1亿元的固定利率债券作为样本股
	彭博巴克莱美国综合债券指数	彭博巴克莱美国综合债券指数中包括国债、抵押支持证券（MBS）外债、政府机构债券和公司债券，按照市值进行加权

续表

按照跟踪资产的类别分类	名称	简要介绍
大宗商品指数	大商所豆粕期货价格指数	大商所豆粕期货价格指数以豆粕期货主力合约为成份合约，通过标的合约的最新价和基期主力合约收盘价计算得到
	高盛大宗商品指数	高盛大宗商品指数按全球大宗商品产量给各指数成份赋予权重，另外对构成指数的商品按照流通性给予调整
外汇指数	美元指数	美元指数由美元对6个主要国际货币的汇率经过加权几何平均数计算获得

股票指数是反映股票市场价格走势的指数，如中证 500 指数、道琼斯工业平均指数。

债券指数是反映债券市场价格走势的指数，如中信标普国债指数、彭博巴克莱美国综合债券指数。

大宗商品指数是反映商品市场价格走势的指数，如大商所豆粕期货价格指数、高盛大宗商品指数。

外汇指数是反映外汇市场价格走势的指数，如美元指数。

6.3.2 研究指数的基本方法

（1）了解指数编制方案

在定投指数基金前，投资者应首先了解每只指数基金所跟踪指数的编制方案。查找编制方案的方法很简单，只需要到编制该指数的公司所对应的官网查找即可。例如，在中证指数有限公司官网可以找到沪深 300 指数的编制方案。

对于每个编制方案，投资者主要了解以下三方面的信息（以沪深 300 指数为例[1]）。

① 选样方法

沪深 300 指数由沪深市场中规模大、流动性好的最具代表性的 300 只股票组成，用来反映沪深市场上市公司证券的整体表现。在选样时主要选择经营状况良好、无违法违规事件、财务报告无重大问题、证券价格无明显异常波动或市场操纵的公司。

② 市值计算方法

沪深 300 指数市值采用自由流通量加权，自由流通市值越大的股票，权重越高。自由流通股本即总股本中剔除了限售股份和不流通股份后剩下的股本，反映了市场中实际流通股份的变动情况。

③ 调样频率

沪深 300 指数每半年审核一次样本股，并根据审核结果调

1 沪深 300 指数的选样方法、市值计算方法和调样频率的内容参考中证指数有限公司编制的《沪深 300 指数编制方案》。

整指数样本。审核时间一般在每年 5 月和 11 月的下旬，样本调整的实施时间分别为每年 6 月和 12 月第二个星期五的下一交易日。每次调整样本时，调整的数量比例一般不超过 10%。为了降低样本周转率，沪深 300 指数样本定期调整时采用缓冲区规则，排名在前 240 名的候选新样本优先进入指数，排名在前 360 名的老样本优先保留。

（2）分析指数的行业分布和前十大成份股

下面以沪深 300 指数为例，分析其行业分布和前十大成份股。

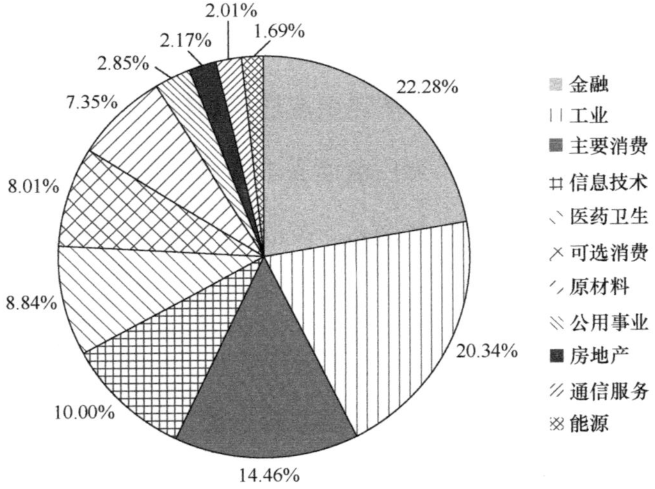

数据来源：中证指数官网；截至时间：2022 年 5 月 20 日。

图 6-10　沪深 300 指数行业分布

从行业分布来看，如图 6-10 所示，沪深 300 指数中金融板块占比最大，达到 22.28%。因此，金融行业的表现会对沪深 300 指数的整体表现产生较大影响。

从成份股来看，沪深 300 指数的 300 只成份股中，既包含沪市的大盘股代表，如贵州茅台、中国平安、招商银行等公司，又包含深市蓝筹股代表，如美的集团、格力电器等行业龙头。可以说，沪深 300 指数集中了 A 股市场中的核心蓝筹股，适合长期配置、价值投资。

截至 2022 年 5 月 20 日，沪深 300 指数的前十大权重股如表 6-12 所示。

表 6-12 沪深 300 前十大权重股

证券代码	证券名称	中证行业分类	上市地	权重/%
600519	贵州茅台	主要消费	上海证券交易所	6.15
300750	宁德时代	工业	深圳证券交易所	3.25
600036	招商银行	金融	上海证券交易所	2.69
601318	中国平安	金融	上海证券交易所	2.61
601012	隆基绿能	工业	上海证券交易所	1.81
000858	五粮液	主要消费	深圳证券交易所	1.72
601166	兴业银行	金融	上海证券交易所	1.56
000333	美的集团	可选消费	深圳证券交易所	1.5[illegible]

续表

证券代码	证券名称	中证行业分类	上市地	权重/%
600900	长江电力	公用事业	上海证券交易所	1.44
002594	比亚迪	可选消费	深圳证券交易所	1.42

数据来源：中证指数官网；截至时间：2022 年 5 月 20 日。

（3）分析指数历史走势

分析指数历史走势，既可以选择阅读研究机构撰写的报告，也可以自行导出指数的价量数据进行分析。通过分析指数的历史走势，投资者可以了解指数在什么时段取得了较好的表现，在什么区间发生了较大的回撤，以此判断指数当前水平的相对位置和投资价值。

6.3.3 指数的估值指标

与股票类似，指数的估值指标主要有市盈率（PE）、市净率（PB）、市销率（PS）和股息率（DP）等。计算这些指标是对指数进行估值的基础。

投资者需要了解上述常用估值指标的计算方法。对于单个股票而言，各估值指标的计算如下。

市盈率（PE）= 市值（Price）/ 盈利（Earnings）

市净率（PB）= 市值（Price）/ 净资产（Book value）

市销率（PS）= 市值（Price）/ 销售额（Sales）

股息率（DP）= 股息（Dividend）/ 市值（Price）

但是，指数的估值指标通常不能简单地按照个股的方法计算。以市盈率为例，先看一种不太合理的计算方法：简单地把所有成份股的市值总和除以所有成份股的盈利总和。例如，有一个由 A、B、C 三只股票构成的指数，其权重、市值和盈利如表 6-13 所示。

表 6-13 指数市盈率计算表

股票	权重	市值	盈利	市盈率
A	0.1	10	–1	–10
B	0.3	100	5	20
C	0.6	1 000	20	50

通过这种方式计算，该指数的市盈率如下。

市盈率 = 总市值 / 总盈利 =(10+100+1 000)/(–1+5+20)=46.25

但是，由于每只股票所占的权重不同，投资者在计算指数估值指标时应该考虑每只成份股的权重。假设投资指数的总资金为 1，那么根据各自的权重，A、B、C 分配到的资金分别为 0.1、0.3 和 0.6，再根据各股票的市盈率计算出每只股票的盈利，如表 6–14 所示。

表 6–14　指数市盈率权重计算

股票	资金分配	市盈率	对应盈利
A	0.1	–10	–0.01
B	0.3	20	0.015
C	0.6	50	0.012

那么，该指数的市盈率如下。

市盈率 = 总资金 / 总盈利 =1/(–0.01+0.015+0.012)=58.8

指数有多种加权方式，如市值加权、股息率加权、基本面加权等。我们认为，考虑权重的计算方法，才能合理反映指数估值指标的实际意义。

通过计算或查找相关资料得到指数的估值指标后，我们可以通过将指数当前的估值指标与历史数据相比较，得到指数当前的相对估值水平，判断其究竟是高估还是低估，将要见顶还是见底。当前估值指标所处分位数等于当前估值排名除以历史估值总数，其数值越小，代表指数当前的估值越低。下面以近 10 年沪深 300 指数的市盈率走势为例，分析其估值水平。

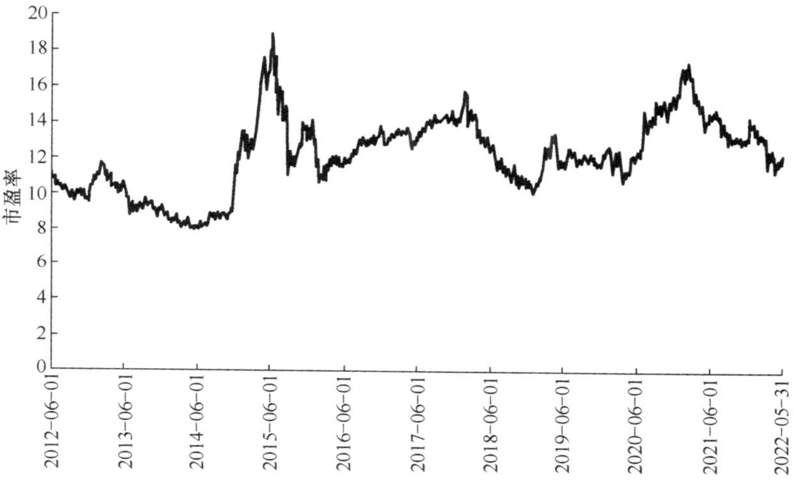

数据来源：Wind；截至时间：2022 年 5 月 31 日。

图 6-11 近 10 年沪深 300 指数的市盈率走势

如图 6-11 所示，以 10 年为研究窗口，截至 2022 年 5 月 31 日，沪深 300 指数的滚动市盈率为 12.2 倍，位于历史最高点位 47.45% 的位置，由此可以判断当前估值处于历史中等偏低的水平。

6.3.4 周期的力量

经济活动会沿着经济发展的总体趋势经历有规律的扩张和收缩，这个过程被称为经济周期。经济周期一般分为繁荣、衰退、萧条和复苏 4 个阶段，如图 6-12 所示。

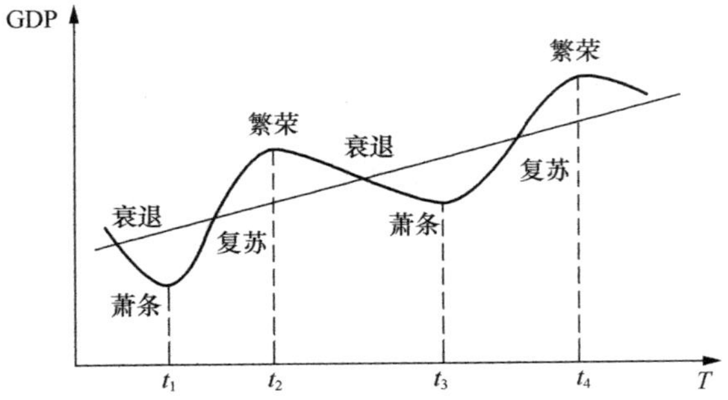

图 6–12　经济周期图

自 19 世纪中叶以来，经济学家们在探索经济周期问题时，根据不同的观察维度和时间跨度提出了不同长度和类型的经济周期。

（1）基钦周期又称短波理论；它从厂商生产过多时就会形成存货，从而减少生产的现象出发；这种 2 ～ 4 年的短期调整也称为存货周期或短周期。

（2）朱格拉周期：市场经济存在 9 ～ 10 年的周期波动，这种中等长度的经济周期称为朱格拉周期。从 2005 年至 2014 年下半年的大牛市，就是一个朱格拉周期。

（3）库兹涅茨周期：1930 年，美国经济学家库兹涅茨提出的一种为期 15 ～ 25 年的经济周期；由于该周期主要是以建筑业的兴旺和衰落现象为标志加以划分，因此也被称为建筑周期。

（4）康德拉季耶夫周期：1926 年，俄国经济学家康德拉季耶夫提出的一种为期 50 ～ 60 年的经济周期，故称康德拉季耶夫周期，也称长周期或康波周期。

随着经济活动的发展，资本市场也会呈现周而复始的周期运动。一般来说，市场周期分为 4 个阶段：积累期、上升期、卖出期及下降期。

积累期发生在市场衰退之后。一般的投资者在经历了漫长的熊市后，还未从悲观的情绪中解放出来，但专业的投资者已经预计到市场最坏的情况即将结束，价格将会进入新一波升浪，因此开始准备提前进场。即使此时投资者的情绪仍处于消极状态，但市场已开始趋于平和。此时投资者需要考虑的是如何在控制风险的前提下，研究适合市场新环境的投资策略。

上升期发生在积累期之后。在这个阶段，市场已经稳定了一段时间，人们逐渐认识到基本面即将好转，市场开始走高。此时大多数人开始进场，市场的容量开始大规模增加。但是，价格的上升总会有终点。因此，当几乎所有人都看好时，专业的投资者开始逐渐离场。在上升期的末尾，价格上升的趋势开始变慢或逐渐趋于稳定，但是仍有不少投资者在大量买入。在这个阶段，市场情绪从中性转为看涨，再到过于乐观。

卖出期是市场周期的第三个阶段，此时卖方开始占据主导地位。市场由前一个阶段的看涨情绪转变为混合情绪，市场价格则常常被锁定在一定范围内上下震荡。卖出期的时间跨度有时会很长，多空博弈也较激烈，有些投资者容易受到贪婪心理的影响，认为市场还会不时走高，因而产生非理性的投资行为。

下降期是市场周期的最后一个阶段，此时经济的基本面已经显著恶化，并且前景黯淡。在这个阶段仍拥有持仓的投资者是最痛苦的，已亏损的投资者如果不能及时止损便会面临更大的风险。一些聪明的投资者将会在下个积累期购买这些已经贬值的资产，等待下个时期价格的升高为他们带来收益。

能够正确认识市场周期的每个阶段，并按照其特点进行投资，投资者就可以大大增加获利。采取基金定投可以避免投资者受主观情绪的影响，帮助投资者更好地抓住市场周期变化中的投资机会。智能定投则可以帮助投资者在经济周期的积累期中积累更多资产，在未来获取更高的收益。

6.3.5 如何优选指数基金

（1）指数筛选，确定自身条件和计划

投资者在进一步确定指数定投的目标时，需要综合考虑多个方面的因素。

① 个人投资偏好

每个人在投资过程中都会有自己的风险收益偏好和投资习惯，根据自己的投资喜好来选择投资目标是很重要的一步。投资者通过综合评估自己对风险的承受能力，可以确定自己是保守型、稳健型还是进取型投资者。对于没有投资经验的新手，选择被动型的指数基金可能更加适合，其投资策略相对简单，以追随市场收益为目标，不主动追求高 Alpha 收益[1]，因此往往风险也比较小。

② 多方位分析指数基金，选择优秀且适合自己的做定投

投资者可以从基金基本信息、基金评级、基金经理、基金历史业绩（收益与风险）、基金跟踪误差、投资风格、行业暴露与因子暴露等方面全方位分析指数基金，找到适合自己且预期未来表现优秀的基金进行定投。

波动率较高、成长性较好的指数更适合定投，可以获得更大的收益。高成长性的指数通常具有两大优势。第一，成长期

1 投资收益一般可分解为两部分，由市场整体上涨而达到的收益，称为 Beta（贝塔）收益；相反，基金经理通过主动的组合管理，借助选股、择时等取得的收益，称为 Alpha（阿尔法）收益。

的企业一般规模较小、市值较小，经过一段时间的发展后往往会主动寻求融资机会、扩大融资规模，在此期间企业规模不断扩张，可获得高增速的收益；第二，在牛市中选择市值较小的企业更容易被资金推动，涨幅会更高。

（2）指数基金比较与选择

假设现在的你是一位“进阶”投资者，希望在指数基金的定投中获得可观的超额收益，那就可以考虑选择指数增强型基金作为投资目标。指数增强型基金在追求 Alpha 收益的同时兼顾投资稳健性，兼具主动投资与被动投资的特性。指数增强型基金在被动指数管理的基础上，积极采用各种主动的增强策略方法，适时调整股票组合，寻求在合理的风险下获得更高的投资收益。

确定大致的方向后，接下来需要对不同的基金进行比较和筛选。比较的指标主要包括基本资料、历史收益、最大回撤、跟踪误差、风险暴露、重仓股表现等。

分析指数基金的第一步，就是了解基金的基本信息，包括其基金公司、基金经理、基金类型、业绩比较基准、费率结构、目前的规模等。以浦银安盛沪深 300 指数增强（519116）为例，其基本资料如表 6–15 所示。

表 6-15 浦银安盛沪深 300 指数增强的基本资料
（截至 2022 年 3 月 31 日）

基金全称	资产/份额规模	基金管理人/基金经理	费率结构	业绩比较基准
浦银安盛沪深300指数增强型证券投资基金	8.00亿元/6.06亿份	浦银安盛基金/陈士俊	基金管理费1.00%（每年），基金托管费0.15%（每年）	沪深300指数收益率×95%+1%（指年收益率，评价时按期间累计天数折算）

（3）历史业绩

基金最重要的作用就是为投资者带来收益。因此，历史业绩是投资者在选择指数基金时最重要的一个参考指标。值得注意的是，这并不意味着短期内收益高的基金就一定会持续高收益；相反，短期内收益较低的基金可能具有高成长性，在未来产生意想不到的收益，尤其在定投过程中，长期收益更加重要。因此，对基金业绩的分析，投资者需要格外关注长期收益特征及风险控制能力等多方面的综合因素。以浦银安盛沪深 300 指数增强（519116）为例，分析如下。

截至 2021 年 3 月 31 日，基金累计收益约 137.4%，实现超额收益 77.7%。从图 6-13 所示的历史收益曲线可以看出，2015 年股市大幅下跌之后，基金业绩表现越来越好，在稳定追随指数的前提下可以获得稳定且可观的超额收益；自 2017 年以来，基金的风险控制也很出色，最大回撤基本控制在 20% 以内。由此可见，基金具有长期且稳定的收益能力和风险控制能力。

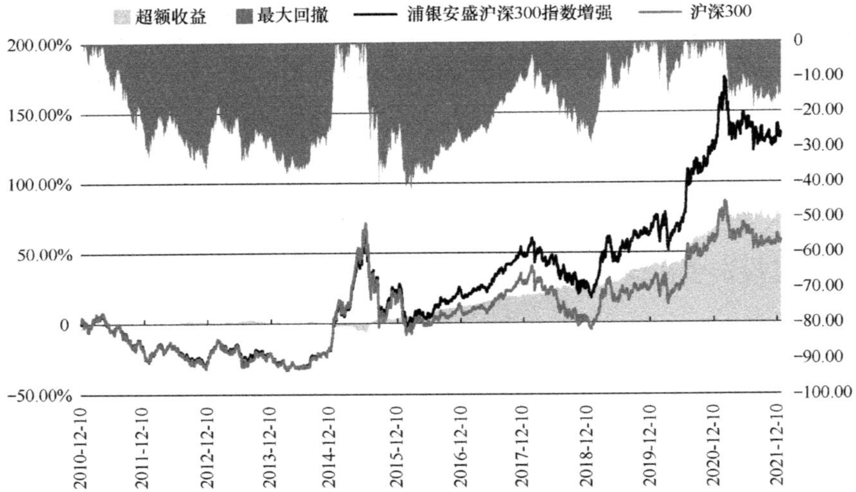

数据来源：Wind；截至时间：2022 年 12 月 31 日。

图 6-13　浦银安盛沪深 300 指数增强历史收益曲线

从表 6-16 所示的阶段风险收益情况中可以看到，自 2015 年以来，基金收益每年都可以稳定超越沪深 300 指数，获得超额收益；风险控制方面，基金最大回撤控制能力出色，截至 2020 年底，基金每年的最大回撤都比沪深 300 指数低。这证明了基金的业绩持续性强，风险控制能力出色。

表 6-16 浦银安盛沪深 300 指数增强阶段风险收益情况

年份	产品收益/%	超沪深300收益/%	收益排名/%	沪深300收益/%	产品回撤/%	沪深300回撤/%	夏普比率
2014	37.84	−1.43	33.33	39.27	−4.49	−4.83	10.62
2015	11.61	6.03	61.29	5.58	−39.62	−43.48	0.53
2016	−4.68	6.60	46.51	−11.28	−18.63	−19.38	−0.24
2017	26.14	4.36	28.07	21.78	−4.86	−6.07	2.76
2018	−19.52	5.79	26.44	−25.31	−25.47	−31.88	−1.03
2019	43.75	7.68	21.74	36.07	−11.42	−13.49	2.18
2020	38.38	11.17	55.28	27.21	−15.08	−16.08	1.52
2021	−2.02	3.18	81.9	−5.20	−19.05	−15.18	−0.15

数据来源：wind；截至时间：2021 年 12 月 31 日。

（4）跟踪误差

跟踪误差是指基金收益率与基准收益率之差的标准差，反映了基金被动管理能力。跟踪误差可以衡量基金与投资者真实投资目标的相对偏离风险，是一个有效的风险衡量方法。

指数基金最重要的一个特质就是对指数的跟随和复制。因此，作为衡量复制与追随能力的跟踪误差也是判断一只指数基金是否值得定投的重要因素。如图 6-14 所示，浦银安盛沪深 300 指数增强的年化跟踪误差一直控制在 4% 以内，跟踪误差较小且比较稳定，说明该基金对指数有很好的追随能力，风险控制能力较突出。

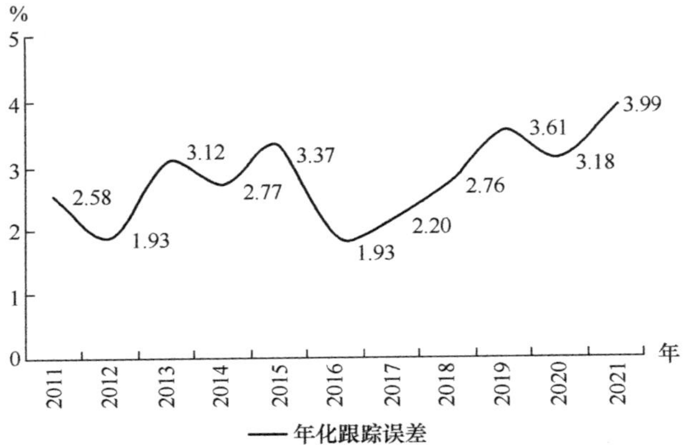

图 6–14　浦银安盛沪深 300 指数增强年化跟踪误差

6.3.6　指数定投买卖策略

（1）傻傻地买

定投需要的是不懈的决心和耐心。基金定投的基本原理是利用平均成本的概念及牛熊市交替的现象降低风险。因此，坚持长期投资才能获得最终上升的收益曲线，减小市场波动带来的风险。在高位少买入份额，在低位多买入份额，从而使成本不断摊薄，推高最终收益率。

也许你会产生这样的疑问：比起定投，为什么不直接在低位买入、高位卖出，这样收益率不会更高吗？如果你可以做到，确实会更高。但是，正如华尔街流传的一句话："要在市场中准确地踩点入市，比在空中接住一把飞刀更难。"这种投机型的投资方法对投资技巧、金融素养的要求都很高，往往不是普通投资者可以胜任的。对于普通投资者来说，投机型的方法往往到最后效果适得其反，得不偿失。而定投的好处在于分批进场、摊薄成本、减小可能买高的风险，再利用相对高点获利退出，从而达到近似低买高卖的效果。定投还具有强制储蓄的功能，可以帮助投资者摆脱"月光族"的尴尬，并且获得比普通储蓄更高的收益。

那么，具体应该买多少呢？

常见的方法有收支计算法、规划目标法、存款估计法等。这里以收支计算法为例介绍如何确定合适的定投金额。

收支计算法就是投资者根据自己的收支情况计算定投金额。有"定投教母"之称的萧碧燕女士给出了一个公式：定投金额 =（月收入 − 月支出）÷ 2。

例如，小浦是一个一线城市的普通年轻白领，每月的税后收入是 15 000 元，减去日常开销，每月能剩余 6 000 元左右，可以拿这 6 000 元中的一半即 3 000 元来定投。这么做的好处是在保证稳定的定投资金、起到强制储蓄效果的同时，还可以保证自己手上始终有足够的现金流，在遇到突发情况时不会因为需要赎回基金而打乱定投节奏。

除此之外，你也可以根据实际收入情况灵活调整定投金额，当现金流比较充足时可以适当增加定投金额，而当手头不宽裕或对资本市场不看好时可以适当减少定投金额。在基本策略的基础上灵活变通，往往可以达到更好的定投效果。

（2）聪明地卖

为什么要卖？为什么需要止盈？

定投是贵在坚持，难在退出。定投最重要的是学会止盈。

例如，2013 年初，小浦决定定投上证指数基金。到 2015 年中的牛市阶段，收益率已经达到了可观的 94%，平均年化收益率更是高达 40%。但是，小浦没有及时止盈。不久之后，股灾到来，再加上资本市场的一系列动荡，小浦的定投收益率急转直下，直到 2017 年 7 月，收益率才回到 18%，平均年化收益率也只有 4% 左右，比起 2 年前的 40% 相差甚远。

从这个例子就可以发现，一味地傻傻坚持不放弃，那么赚到再多的钱也都是昙花一现，最终还是要还给市场。尤其是在我国目前的 A 股市场，具有明显的牛熊市交替、周期性明显的情况下，学会及时止盈更是定投盈利的关键。

具体地说，定投需要止盈的原因主要在以下几点。

第一，定投在进行了一段时间后，往往资产规模较大，新增份额的均摊效果减弱。此时市场一旦下跌，投资者蒙受的损失也会更大。

第二，市场具有周期性，难以长时间维持在高位，牛熊市的交替难以避免。如果没有止盈，所有收益也只是昙花一现。

第三，从投资者的角度来说，止盈可以让风险资产转换为无风险的现金资产，真正把收益转换到投资者的“手上”，让投资者更安心。

6.3.7 定投指数止盈策略

（1）初期不考虑止盈，中后期重点关注止盈

定投的原理在于长期用多笔等额现金流投资来均摊风险成本，因此往往要坚持 2 ～ 3 年才能有比较好的效果。在定投初期不止盈，是因为此时定投的总资产规模不够大，即使达到了目标收益率，真正的收益也不可观，此时止盈没有多大的意义。

同样的道理，在定投的中后期时，投资者积累的资产已经达到一定的规模，此时再继续追加的定投金额占比很少，但是潜在的风险却极高，一旦市场开启下跌趋势，就会让已经积累的资产大幅亏损和缩水。所以，投资者必须设置有效且合理的止盈点，让已经获得的收益尽早落袋为安才是上策。

（2）止盈策略不唯一，灵活变通是王道

止盈策略的第一步在于确定一个合适的止盈点。而在定投收益超过这个既定的止盈点之后，就要格外注意选择合适的时机退出市场。

例如，比较简单的策略有止盈 15% 法。市场普遍认为止盈点至少是市场无风险利率的 5 倍。假设市场的无风险利率在 3% 左右，那么止盈点在 15% 左右。而这个 15% 的盈利目标在大多数时候都可以达到，只要市场有一定的盈利机会即可。通常来说，投资者只观察建仓期后的收益率，定投初期（6 个月前）不建议过多考虑止盈的问题。

除了根据收益率确定止盈点之外，投资者还可以根据市盈率止盈，即当投资标的的市盈率处于历史高位时及时预警，着手止盈；或者根据均线偏离度止盈，当均线偏离度较大时，说明市场过热，所谓“别人恐惧我贪婪，别人贪婪我恐惧”，此时投资者就需要格外注意了。

但是，止盈点的确定也不是一成不变的。更好的办法是综合市场因素、自己的现金流情况、对未来市场的预期等确定止盈点。具体地说，当定投基金波动较大，且投资者的风险承受能力和预期收益较高时，可适当提高止盈点；当投资者坚持长期持有且市场处于低位时，可提高止盈点，等待牛市的到来；如果市场前景不明，宽幅振荡，可降低止盈点，落袋为安。

在传统的止盈策略中，超过止盈点之后往往要求投资者直接退出市场，但是这样很容易错失盈利机会。因此，在超过止盈点之后，投资者还可以设计一些更复杂的投资策略。

设计跌幅预警线或回撤预警线就是一个很好的办法。具体做法是在超过止盈点之后，投资者不用着急将手中的份额全部卖出，而是可以根据跌幅或最大回撤设置预警线。例如，假设现在投资者的止盈点是15%，那么当跌幅超过3%时，可以卖掉手上1/4的基金份额；超过5%时，再卖掉剩余的3/4。这样即使在最坏的情况下，投资者也拥有超过10%的收益率。但是，如果后期市场一直震荡上升，却一直没有冲破设置的警戒线，那么投资者还可以继续乘风破浪，赚取更多的收益。这种做法在牛市更加适合，在熊市时就需要更加警惕，降低预警线。